JN436663

그래도, 다시 시작이다

그래도,
다시 시작이다

지은이 | 안희묵
초판 발행 | 2018. 1. 29
7쇄 발행 | 2026. 1. 12
등록번호 | 제1988-000080호
등록된 곳 | 서울특별시 용산구 서빙고로 65길 38
발행처 | 사단법인 두란노서원
영업부 | 2078-3352 FAX | 080-749-3705
출판부 | 2078-3331

책값은 뒤표지에 있습니다.
ISBN 978-89-531-3056-2 03230 Printed in Korea

독자의 의견을 기다립니다.
tpress@duranno.com www.duranno.com

두란노서원은 바울 사도가 3차 전도여행 때 에베소에서 성령 받은 제자들을 따로 세워 하나님의 말씀으로 양육하던 장소입니다. 사도행전 19장 8-20절의 정신에 따라 첫째 목회자를 돕는 사역과 평신도를 훈련시키는 사역, 둘째 세계선교(TIM)와 문서선교(단행본·잡지) 사역, 셋째 예수문화 및 경배와 찬양 사역, 그리고 가정·상담 사역 등을 감당하고 있습니다. 1980년 12월 22일에 창립된 두란노서원은 주님 오실 때까지 이 사역들을 계속할 것입니다.

시 작 하 는 용 기 가 필 요 한 순 간

그래도,
다시 시작이다

안희묵 지음

두란노

차례

2부 시작, 그 이상

서문

1년 중 며칠은 일상의 책무를 뒤로하고 오롯이 혼자 여행을 떠납니다. 그렇게 하는 목적은 일상을 벗어나 잠깐이나마 현재의 나를 점검하기 위함입니다. 몇 해 전 이스라엘에 갔는데 때마침 그곳은 나팔절 기간이었습니다. 이스라엘 절기 중 하나인 나팔절은 지나온 삶을 점검하고 새로운 마음으로 다시 시작하기를 결단하는 절기입니다. 그곳에서 저는 저의 존재 이유가 무엇인지, 지금 어떤 모습으로 살아가고 있는지, 삶의 방향이 궁극적인 목적을 향해 제대로 나아가고 있는지 삶에 대한 근본적인 질문을 던져 보았습니다. 제게 꼭 필요한 영적 점검과 각성의 시간이었습니다.

그런데 삶에 대한 근본적인 질문을 던지고 자신을 점검하는 과정 중에 꼭 필요한 것이 있습니다. 바로 결론의 기준을 분명하게 세워야 한다는 것입니다. 무엇을 기준으로 삼느냐에 따라 삶으로 드러나는 대답은 천차만별입니다. 많은 사람들이 인생에 갈증을 느끼고 정답을 찾지만, 생명의 길로 이끌지 못하는 답은 삶을 더 공허하게 만들 뿐입니다.

그렇다면 우리의 기준은 무엇일까요? 그리스도인의 삶의 기준은 예수 그리스도입니다. 그래서 예수 그리스도로부터 시작되는 것이 신앙의 원리요, 곧 인생의 방향을 이끌어가는 기준입니다. 삶에 대한 많은 물음 앞에서 예수 그리스도를 기준으로 삼는다면 일상을 새롭게 시작할 수 있는 힘을 얻을 수 있습니다. 물론 삶의 현장은 여전히 치열합니다. 그러나 내가 누구인지, 어떻게 살아야 하는지, 무엇을 위해 지금 이곳에 있는지에 대한 분명한 답을 갖고 있으면 아무리 삶이 힘들어도 길을 잃지 않습니다.

많은 사람들이 최선을 다해 살지만 여러 가지 이유로 마음이 무너질 때가 많습니다. 특히 신앙을 따라 열심히 살아도 뜻대로 되지 않을 때, 그만 포기하고 내려놓고 싶습니다. 무엇을 위해 이렇게 열심히 살아가는지 회의감이 들기도 합니다. 하지만 모든 것이 다 끝난 것 같은 순간에도 우리는 다시 시작할 수 있습니다.

그럴 수 있는 확실한 이유가 있습니다. 바로 다시 시작할 수 있도록 격려와 도전, 힘과 능력을 주시는 예수 그리스도가 나와 함께 하시기 때문입니다.

이 책에 제시된 다시 시작하는 힘의 원리는 그동안 공주, 대전, 세종, 글로리채플 꿈의교회에서 성도들과 나누고 함께 기도했던 열매입니다. 무너진 삶의 자리, 사방이 막힌 듯한 상황, 눈앞이 깜깜한 순간에도 신앙의 원리를 기준으로 삼을 때 다시 시작할 수 있습니다. 우리의 마지막은 끝이 아니라 하나님이 함께 하시는 새로운 시작일 뿐입니다. 이제 이 책을 통해 다시 시작하는 힘의 원리가 여러분에게도 작은 위로와 도움이 되기를 소망합니다.

이 책을 내면서 감사한 분들이 있습니다. 먼저 여러모로 용기를 주고 이 책을 만들어 준 두란노에 감사드립니다. 그리고 오늘의 제가 있을 수 있도록 변함없는 사랑으로 기도해 주신 부모님,

아버지가 목사인 것을 자랑스러워하며 믿음으로 잘 자라 준 두 아들과 희망 에너지인 아내에게 감사드립니다. 마지막으로 저의 부족함을 기도로 채워 주시는 꿈의교회 모든 성도님에게 깊은 감사를 드립니다.

2018년 1월
안희묵

1부 다시, 시작하기

눅 24:36

이 말을 할 때에 예수께서 친히
그들 가운데 서서 이르시되
너희에게 평강이 있을지어다 하시니

<u>**예수**</u>

방향을
돌이키는 힘

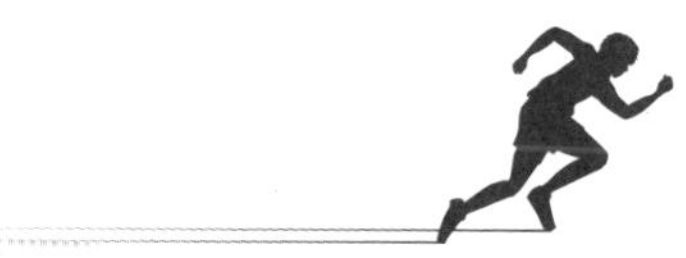

/ 눅 24:36-53

우리는 살면서 한 번쯤 '그냥 다 그만둘까, 여기서 포기해 버릴까?' 하는 생각을 합니다. 저 역시 그런 생각을 여러 번 했습니다. 신학교도, 결혼 생활도, 목회도, 비전도, 사명도 모두 그런 생각을 할 만큼 어려웠던 적이 있습니다. 사실 그런 생각이 들 때 다시 시작하리라 마음먹는 일은 쉽지 않습니다. 우리의 마음은 원이로되 육신이 약하기 때문입니다. 그만큼 처음 생각하고 결심한 것을 꾸준하게 밀고 나가는 것, 마음먹은 대로 사는 것은 대단한 일입니다.

그런 절박한 순간에는 내 혼자의 힘으로 다시 시작하기가 쉽지 않습니다. 예를 들어 사업이 망해서 다시 시작하려면 자금이 필요하고, 관계가 깨져서 다시 회복하려 해도 상대의 마음을 모르니 내 감정과 마음만으로는 도저히 불가능합니다. 하지만 우리는 그런 걱정 때문에 두려워할 필요가 없습니다. 우리가 다시 시작할 수 있도록 도와주시는 분, 예수 그리스도가 있기 때문입니다. 그분이 우리의 힘과 능력이 되어 주십니다.

그래서 요즘 저는 이전과 다르게 '이제 그만둘까, 그냥 포기할까?'라는 생각이 들 때마다 하나님의 은혜를 떠올려 봅니다. 하나님은 예수 그리스도를 보내 우리를 구원하시고, 죄와 허물이 많은 나를 있는 모습 그대로 받아들여 주셨습니다. 그것이 바로 은혜입니다. 나를 포기하지 않고 끝까지 참아 주신 것이 진짜 은혜인 것입니다.

오래 같이 산 배우자도, 배 아파서 낳은 자식도 나를 있는 모습 그대로 받아 주는 것은 쉽지 않습니다. 그러나 하나님은 매일 쓰러지고 낙심하는 우리를 포기하지 않고 있는 모습 그대로 받아 주십니다. 그러므로 우리는 그만두고 싶은 생각이 들 때마다 하나님의 한결같은 은혜를 생각하며 다시 시작해야 합니다. 여러분 모두 포기하려는 마음을 포기하고 그만두려는 마음을 그만두고 다시 시작하십시오. 예수 그리스도의 은혜가 우리와 함께해 주실 것입니다.

있는 그대로의 은혜

예수님이 죽으시고 '이제 다 끝났다, 포기하고 집으로 돌아가자' 라고 생각하며 엠마오로 가던 두 제자에게 부활하신 예수님이 나타나셨습니다. 그 모습을 본 두 제자는 흥분해서 엠마오가 아니라 예루살렘으로 돌아갔습니다. 그들이 있던 엠마오에서 예루살렘까지는 37-40km 정도로 꽤 먼 거리인데도 그 밤에 그들은 예수님을 만나고 다시 돌아간 것입니다. 그리고 다 포기하고 숨어 있는 다른 제자들을 찾아가 예수님의 부활을 전합니다. 그 장면이 본문의 시작입니다.

두 제자가 예수님이 다시 살아나셨다고 전할 때 예수님이 그 자리에 나타나셔서 이렇게 말씀하셨습니다. "너희에게 평강이 있을지어다"(36절). 그런데 이어서 나오는 제자들의 반응이 이상합니다. 모든 것을 포기하려는 그 순간에 예수님이 오셨으니 기뻐 놀라서 흥분해야 하는데 그들의 반응은 예상과 달랐습니다.

> 그들이 놀라고 무서워하여(37절).

> 그들이 너무 기쁘므로 아직도 믿지 못하고 놀랍게 여길 때에(41절).

제자들은 부활하신 예수님을 두 눈으로 보면서도 믿지 못했습니다. 얼마나 안타까운 모습입니까? 그런데 이런 제자들의 모습은 우리의 모습일 수 있습니다. 예수 그리스도를 믿는다는 고백이 우리의 일상에서 얼마나 큰 기쁨과 힘이 됩니까? 예배를 드리고 양육과 훈련을 받으며 삶의 현장에서 새롭게 살겠다고 결심하지만, 수시로 마음이 무너지지는 않습니까? 교회를 오래 다니고 신앙생활을 열심히 해도 삶이 좀처럼 변하지 않는 이유, 다시 시작할 수 있는 힘과 믿음이 없는 이유는 여전히 주님을 의심하기 때문입니다. 그래서 조금만 마음이 답답하고 힘든 일이 닥치면 고민하며 갈등하는 것입니다.

하지만 예수님은 이런 연약한 우리와 제자들을 꾸짖지 않고 "어찌하여 두려워하며 어찌하여 마음에 의심이 일어나느냐"(38절) 라고 말씀하십니다. 제자들의 두려워하고 흔들리는 마음을 알고 있는 모습 그대로 받아 주시며 그들을 향해 "흔들리고 두려워하며 믿지 못하는 것 알아. 그렇지만 이제 다시 시작해야지?"라고 격려해 주신 것입니다. 이처럼 예수님은 우리가 힘들어 주저앉아 있을 때 우리의 손을 잡아 일으키시어 우리를 다시 새롭게 하시는 분입니다.

예수님을 향해 나아가라

그렇다면 다시 시작하기 위해 우리는 어떻게 해야 합니까? 첫 번째, 예수님을 향해 나아가야 합니다. 오늘날 많은 사람들은 예수님이 아니라 자기 욕심, 야망, 명예를 위해 나아갑니다.

본문 44절의 "모세의 율법과 선지자의 글과 시편"은 구약 전체를 의미합니다. 즉 구약 전체가 예수님에 대해 이야기하고 있다는 말로, 구약의 모든 메시지와 사건과 교훈이 예수님을 향해 나아간다는 것입니다. 그래서 예수님은 십자가에서 "다 이루었다"라고 선언하셨습니다. 그분이 구약을 완성하셨기 때문입니다.

그러므로 우리의 삶의 내용과 목적과 방법은 모두 예수님을 향해 나아가야 합니다. 세상이 꿈꾸는 나의 영광, 나의 명예, 나의 야망, 나의 이기심이 아니라 나의 능력과 위로가 되시는 예수님을 향해야 하는 것입니다. 그때 비로소 우리는 평안과 승리의 삶을 누릴 수 있습니다.

> 이것을 너희에게 이르는 것은 너희로 내 안에서 평안을 누리게 하려 함이라 세상에서는 너희가 환난을 당하나 담대하라 내가 세상을 이기었노라(요 16:33).

예수님을 향해 나아가면 그 어떤 형편과 상황 속에서도 평안과 승리의 삶을 살게 됩니다. 그런데 왜 우리는 이 사실을 알면서도 예수님이 아니라 나의 욕심을 향해 나아갑니까? 그것은 우리의 마음이 닫혀 있어서 주님의 말씀을 듣지도 깨닫지도 못하기 때문입니다.

본문 45절이 그렇게 마음이 닫혀서 성경을 깨닫지 못하는 상태를 말하는 것입니다. 안타깝게도 우리를 비롯해 주변에는 설교를 듣고 양육과 훈련을 받아도 말씀이 삶의 변화로 이어지지 못하고 성경 지식으로 그치는 경우가 많습니다. 그러면 왜 우리는 마음이 닫혀서 알고도 깨닫지 못하는 것입니까? 그 의문을 풀 수 있는 실마리가 성경에 나옵니다.

> 그들의 눈이 가리어져서 그인 줄 알아보지 못하거늘…그들의 눈이 밝아져 그인 줄 알아보더니(눅 24:16, 31).

예수님이 의도적으로 제자들의 눈을 가리신 것입니까? 아닙니다. 원래 우리 눈은 가려져 있고 마음도 닫혀 있었는데, 예수님이 보고 깨닫게 하신 것입니다. 그러면 왜 마음이 닫혔습니까? 사탄이 우리의 마음을 혼미하게 하여 눈과 귀를 가린 것입니다. 말씀에도 분명하게 나와 있습니다.

> 만일 우리의 복음이 가리었으면 망하는 자들에게 가리어진 것이라 그중에 이 세상의 신이 믿지 아니하는 자들의 마음을 혼미하게 하여 그리스도의 영광의 복음의 광채가 비치지 못하게 함이니 그리스도는 하나님의 형상이니라(고후 4:3-4).

사탄은 우리가 복음을 누리지 못하도록 눈을 가리고 귀를 막고 마음을 닫습니다. '주말 매출이 얼마나 중요한데 문을 닫아?', '티도 안 날 텐데 십일조는 왜 하려고 해?', '그 사람이 그렇게 말하는데 왜 가만히 있어?'라는 유혹들로 우리를 혼미하게 하며 예수님을 향해 나아가는 것이 어리석은 짓이고 손해가 된다고 믿게 합니다. 그래서 우리가 말씀을 보고 들어도 깨닫지 못하는 것입니다. 결국 깨닫는 것이 은혜입니다.

그러므로 예수님을 향해 나아가는 것은 이기심, 욕심, 탐욕에 가득한 나 자신이 아니라 나를 사랑하사 십자가에 달려 죽으신 예수 그리스도를 위해 사는 것을 의미합니다. 그 내용이 성경에도 나옵니다.

> 그런즉 이제는 내가 사는 것이 아니요 오직 내 안에 그리스도께서 사시는 것이라 이제 내가 육체 가운데 사는 것은 나를 사랑하사 나를 위하여 자기 자신을 버리신 하나님의 아들을 믿는 믿음 안에서 사는 것이라(갈 2:20).

살다 보면 우리를 지치고 힘들게 하는 일이 참 많습니다. 그러나 그 순간에도 영안을 열어 믿음으로 바라보기를 바랍니다. 두렵고 어렵고 의심이 많아질수록 믿음의 눈을 열어야 합니다.

게하시는 아람 군대에 둘러싸여 이제 죽었다고 여길 때 엘리사의 믿에 눈이 열려 불말과 불병거를 보았습니다. 그들처럼 우리도 영안을 열어 힘과 능력이 되시는 주님의 능력과 권세를 바라보아야 합니다. 그분은 절대 우리를 버려두지 않으시고 우리

옆에서 힘과 능력, 위로와 소망이 되어 주십니다.

지금 어디를 향해 가고 있습니까? 무엇을 위해 그렇게 열심히 살고 있습니까? 이제 우리를 다시 시작하게 하는 힘, 예수님을 향해 나아가십시오. 허망하고 의미 없는 인생의 끝이 아니라 예수님을 위해, 그분을 향해 살기를 바랍니다.

예수님과 함께 시작하라

두 번째, 예수님과 함께 시작해야 합니다. 예수님의 사역은 십자가에서 죽으신 것으로 끝나지 않습니다. 그분이 십자가에서 죽으심으로 구약을 완성하셨다면, 신약은 부활하시어 다시 사심으로 시작됩니다. 즉 구약은 예수 그리스도를 향해 나아가고 신약은 예수 그리스도로 시작하는 것입니다. 그래서 구약과 신약은 모두 필요합니다.

여러분은 예수 그리스도로 시작하며 살고 있습니까? 이것은 곧 예수 그리스도와 함께 시작하고 있느냐는 말입니다. 본문에 이렇게 나와 있습니다.

> 또 이르시되 이같이 그리스도가 고난을 받고 제삼일에 죽은 자 가운데서 살아날 것과 또 그의 이름으로 죄 사함을 받게 하는 회개가 예루살렘에서 시작하여 모든 족속에게 전파될 것이 기록되었으니(46-47절).

이전 것은 지나가고 다시 시작하는 것이 회개입니다. 그리고 말씀에 나온 대로 "예루살렘에서 시작하여 모든 족속에게 전파될 것"은 예수 그리스도로 우리의 신앙을 다시 시작하는 것입니다. 즉 신앙은 그분과 함께 시작하는 것입니다. 그때 우리는 하나님의 축복을 누릴 수 있습니다. 그리고 이런 신앙을 성도들 앞에서 고백하고 표현하는 것이 바로 침례(세례)입니다.

> 그러므로 우리가 그의 죽으심과 합하여 세례를 받음으로 그와 함께 장사되었나니 이는 아버지의 영광으로 말미암아 그리스도를 죽은 자 가운데서 살리심과 같이 우리로 또한 새 생명 가운데서 행하게 하려 함이라(롬 6:4).

여기서 물은 무덤을 상징합니다. 그래서 물속에 들어가면서 내 욕심과 야망으로 살던 내가 죽고, 물속에서 올라오면서 "나는 다시 사신 예수님과 함께 새 생명 가운데 살겠습니다"라고 고백하는 것입니다. 즉 예수님과 함께 다시 사는 것이 침례의 참 의미입니다. 예수님을 구주로 믿는 사람은 결혼도, 직장 생활도, 사업도, 자녀 교육도 내 욕심과 야망이 아니라 예수님으로, 예수님과 함께 시작해야 합니다.

인생이 자꾸 꼬이고 힘들어지는 것은 내 생각과 내 감정과 내 계획과 내 욕심으로 시작했기 때문입니다. 반드시 기억하십시오. 내 삶의 새로운 도약도, 내 자녀와 가정의 변화도, 내 사업과 인생의 성공도 예수님과 함께 시작할 때 가능합니다.

저에게 많은 성도가 차를 샀다고, 이사했다고, 개업했다고 기도해 달라고 요청합니다. 그러면 저는 기쁨으로 그 자리에 갑니다. 그런데 어쩌면 그들이 요청하는 마음과 제 마음은 조금 다릅니다. 예를 들어 좋은 차를 산 사람이면 안전 운행을 위해 기도해 주기를 원하지만 저는 그런 내용이 아니라 그 차로 달릴 때마다 예수 그리스도와 함께 시작하게 해 달라고 기도합니다. 새 집이나 사업장에서도 마찬가지로 예수를 위해, 예수와 함께 모든 것을 시작하게 해 달라고 기도합니다.

사도행전에는 모든 것을 포기한 제자들이 부활하신 예수님을 믿고 그분과 함께 시작했을 때 예수님의 이름으로 명하는 것마다 다 이루어지는, 수많은 기적을 행하는 내용이 나옵니다.

> 그 이름을 믿으므로 그 이름이 너희가 보고 아는 이 사람을 성하게 하였나니 예수로 말미암아 난 믿음이 너희 모든 사람 앞에서 이같이 완전히 낫게 하였느니라(행 3:16).

예수님의 이름을 외치자 수많은 기적과 능력이 나타난 것입니다. 그래서 당황한 유대인들은 예수님의 제자들이 예수의 이름으로 아무 일도 행하지 못하도록 핍박했습니다.

> 그들을 불러 경고하여 도무지 예수의 이름으로 말하지도 말고 가르

치지도 말라 하니(행 4:18).

그러나 초대 교회 성도들은 이러한 핍박에도 부활하신 예수님을 믿고 그분 안에서 살기로 결단하며 예수와 함께 시작했습니다. 예수 이름으로 행하고 가르치며 선포하는 것을 주저하지 않고 당당한 그분의 증인으로 산 것입니다. 그리고 그때 병이 치유되고, 죽은 자가 살아나고, 널리 복음이 전파되는 놀라운 일들이 일어났습니다. 사망 권세를 이기고 부활하신 예수님만이 진정한 힘이므로 그분을 믿고 함께 나아갈 때 놀라운 능력이 나타난 것입니다.

어릴 때 어머니는 저에게 항상 누군가 무엇을 주면 예수님의 이름으로 받겠다고 하라고 말씀하셨습니다. 모든 것은 제가 잘나서가 아니라 예수님 때문에 받는 것임을 가르치신 것입니다. 예수의 이름으로 주고받고 사랑하고 사랑받으며 사는 것, 즉 예수와 함께 시작하는 것이 축복을 받는 삶의 비결입니다. 그래서 사도 바울도 성도들에게 무엇을 하든지 다 예수의 이름으로 하라고 강조했습니다.

또 무엇을 하든지 말에나 일에나 다 주 예수의 이름으로 하고 그를 힘입어 하나님 아버지께 감사하라(골 3:17).

우리는 말과 행동을 하기 전에 늘 예수님의 이름을 기억해야 합니다. 혹시 여러분 중에 높은 직분을 맡은 사람이 있다면 무슨 일이든지 예수님의 이름으로 하십시오. 그러면 공동체가 변하고 사회가 변할 것입니다.

믿음으로 사는 것은 모든 것을 예수님과 함께 시작하는 것을 의미합니다. 내 계획과 내 판단과 내 욕심으로 시작하면 '새드 엔딩'(sad ending)이지만 예수님과 함께 시작하면 '해피 엔딩'(happy ending)입니다. 그러므로 여러분도 삶 가운데 예수님과 함께 시작하는 믿음을 드러내기 바랍니다.

한 가지 본문에서 주목해야 할 점이 있습니다. 바로 제자들의 변화가 시작되는 말씀이 수동태로 되어 있다는 것입니다. "그들의 눈이 밝아져"(31절), "성경을 깨닫게 하시고"(45절), "위로부터 능력으로 입혀질 때까지"(49절)가 수동태 부분입니다. 능동태는 내가 주도적으로 하는 것을, 수동태는 누군가에 의해 행해지는 것을 의미합니다. 결국 본문은 무엇이든지 내 힘과 능력으로는 할 수 없고 예수님이 함께하시며 도와주셔야 한다는 것을 보여 줍니다.

여러분, 살면서 지쳐서 포기하고 그만두고 싶을 때도 하나님 나라가 앞에 있음을 붙들고 나아가십시오. 하나님의 축복과 해피 엔딩이 있으니 더 이상 주저앉지 말고 깨진 관계와 무너진 믿음 모두 용기를 가지고 다시 시작하십시오. 우리는 사람이 아니라 예수님만 의지해야 합니다.

본문 51-53절에 나온 것처럼 다시 시작한 제자들은 큰 기쁨을 누리며 하나님을 찬송했습니다. 여러분도 그들처럼 예수님을 분명히 붙들고 살아가십시오. 그만두고 싶은 생각이 들 때마다 다시 시작하도록 격려하시고 힘을 주시는 예수님을 생각하며 믿음으로 다시 시작하십시오. 예수님을 향해 나아가고 예수님과 함께 시작하는 증인의 삶에 분명 큰 기쁨과 찬양이 넘칠 것입니다.

미 4:7

나 여호와가 시온 산에서
이제부터 영원까지
그들을 다스리리라 하셨나니

샬롬을 회복하는 힘

/ 미 4:1-7

제 스마트폰 화면에는 "밝은 별은 사막 하늘에 있다"라는 글귀가 있습니다. 별은 역설적으로 가장 외롭고 어두운 곳에서 빛난다는 말입니다. 마찬가지로 사는 것이 어려울수록 하나님의 은혜와 능력을 더욱 깊이 경험할 수 있습니다. 이는 슬픔을 경험해 본 사람만이 진정한 기쁨을 경험할 수 있다는 이치와도 같습니다. 그래서 시편 126편 6절에서 "울며 씨를 뿌리러 나가는 자는 반드시 기쁨으로 그 곡식 단을 가지고 돌아오리로다"라고 말한 것입니다. 또한 바울은 감옥에서도 "주 안에서 항상 기뻐하라"(빌 4:4)고 권면했습니다.

본문에 나오는 이스라엘의 상황은 정말 암담했습니다. 사람들 사이에 이제는 끝났다며 포기하고 낙담하는 분위기가 만연했습니다. 그러나 미가서는 현실에 대한 비판과 분노나 좌절로 끝나지 않습니다. 현실은 절망적이지만 다시 일어서도록 회복하시는 하나님의 역사가 기록되어 있습니다. 비참하게 망해가던 이스라엘이 희망으로 일어서는 위대한 반전이 나오는 것입니다.

본문은 "끝 날에 이르러는"이라고 시작합니다. 인생은 끝까지 가야만 알 수 있다는 이 표현이 참으로 큰 은혜와 위로가 됩니다. 영화를 보면 주인공을 힘들게 하고 억울하게 만드는 수많은 조연이 등장합니다. 초반에는 그 조연의 인생이 빛나는 것처럼 보이지만, 결국 마지막에 빛나는 것은 주연입니다. 마찬가지로 우리도 삶 속에서 달갑지 않은 수많은 조연을 만나지만 포기해서는 안 됩니다. 하나님이 끝이라고 하실 때까지는 절대로 끝이 아니며 끝 날에 이르러서는 반전의 역사가 일어날 것이기 때문입니다.

각 사람이 자기 포도나무 아래와 자기 무화과나무 아래에 앉을 것이라 그들을 두렵게 할 자가 없으리니 이는 만군의 여호와의 입이 이같이 말씀하셨음이라(4절).

바로 미가서 4장에 나오는 약속은 삶의 터전에서 샬롬(평안)과 라파(치유)의 축복을 누리며 그들을 두렵게 할 자가 없으리라는 은혜입니다. 하나님은 이렇게 놀라운 반전을 일으키시는 분입니다. 하나님 앞에서 우리의 인생은 아직 끝이 아니니 포기하지 마십시오. 하나님은 마지막에 반드시 우리를 웃게 하시고 영광스런 주인공으로 만들어 주실 것입니다.

하나님은 이 놀라운 반전과 회복의 역사를 교회를 통해 이루십니다. 구약의 미가서를 이야기하다가 갑자기 교회가 등장하는 것이 의아할 수도 있을 것입니다. 이번에는 미가서와 교회가 어떤 연관이 있는지를 살펴보겠습니다.

본문에는 "시온"이라는 중요한 단어가 등장합니다. 회복의 반전 이야기가 시작되는 미가서 4장에만 여섯 번이 나옵니다. 본문에서 이토록 강조하는 시온 산에는 여호와의 전, 오늘날의 교회가 있습니다. 즉 시온 산이 중요한 이유는 여호와의 전, 성전이 있는 곳이기 때문이며, 예루살렘이 중요한 것도 여호와의 전이 있는 시온 산이 있기 때문입니다. 그래서 예루살렘을 거룩한 성이라고 하는 것입니다.

그런데 1절에 "끝 날에 이르러는 여호와의 전의 산이 산들의 꼭대기에 굳게 서며 작은 산들 위에 뛰어나고 민족들이 그리로 몰려갈 것이라"고 나옵니다. 하나님이 회복의 역사를 이루시는 끝 날에 시온 산이 모든 산과 봉우리 위에 굳게 설 것이라는 말씀입니다.

이 세상에는 사람들이 쌓은 바벨탑 같은 높은 봉우리가 많습니다. 사람들이 추구하는 부와 명예, 권력과 업적이 바로 그 봉우리입니다. 사실 시온 산은 고도 765m로 뒷동산에 불과한 작은 산인데, 그 어떤 봉우리보다도 여호와의 전, 교회가 있는 시온 산이 모든 산의 꼭대기에서 모든 산을 다스리고 통치하게 될 것이라고 강조합니다. 이와 함께 교회가 교회다워질 때 회복과 반전의 역사가 이루어질 것이라고 설명해 줍니다. 그 내용이 신약에도 분명하게 나와 있습니다.

> 이는 이제 교회로 말미암아 하늘에 있는 통치자들과 권세들에게 하나님의 각종 지혜를 알게 하려 하심이니(엡 3:10).

교회는 하나님의 피 값으로 산 거룩한 영적 공동체입니다. 겉으로 보면 힘이 없어 보이지만 세상을 변화시키는 큰 능력을 갖고 있습니다. 즉 반전의 역사는 교회로부터, 교회 안에서 시작된다는 의미입니다.

교회 안에서 시작된다

1절을 다시 보면 "여호와의 전", 곧 교회가 모든 산의 꼭대기에 굳게 선다는 것입니다. 사실 교회가 무슨 힘이 있습니까? 교회는 세상의 강하고 높은 산에 비하면 작은 언덕에 불과합니다. 8,000m가 훌쩍 넘는 히말라야 산들에 비하면 얕은 동산에 불과한 시온 산이 모든 산을 다스리는 것은 어려워 보입니다. 하지만 이것은 물리적인 이야기가 아니라 궁극적으로 교회의 머리이신 예수 그리스도가 이 땅에서 절망에 빠진 모든 사람에게 희망과 반전의 이야기를 성취하신다는 의미입니다.

세상이 이토록 혼란스러운 이유가 무엇입니까? 물론 나라의 상황이 어렵고 시스템이 부조리한 것도 이유지만 결정적인 이유는 교회가 교회답지 못하기 때문입니다. 이 땅에 하나님 나라를 이루어 가고 사람들에게 희망을 증명해야 할 교회가 그 역할을 못해서 이 세상이 더욱 혼란스러운 것입니다. 그 내용이 본문 앞장에 설명되어 있습니다.

> 이러므로 너희로 말미암아 시온은 갈아엎은 밭이 되고 예루살렘은 무더기가 되고 성전의 산은 수풀의 높은 곳이 되리라(미 3:12).

3장까지는 철저하게 폐허가 된 이스라엘의 모습을 설명합니다. 나라가 망가지고 백성이 도탄에 빠졌습니다. 이유가 무엇입니까? 예루살렘이 무더기가 되고 성전이 있는 산은 수풀만 무성한 언덕이 되었기 때문입니다. 그리고 이 모든 아픔과 절망은 말씀에 분명히 나와 있듯이 "너희로 말미암아" 벌어진 일입니다. 결국 우리의 연약함과 잘못 때문인 것입니다. 미가 선지자는 하나님의 백성인 교회가 교회답지 못할 때 가정이 무너지고 나라와 백성이 혼란해진다고 분명히 전하고 있습니다. 교회가 교회의 역할을 바로 감당해야 내가 살고 가정이 살고 민족이 살 수 있는 것입니다.

하나님은 거룩한 교회 공동체를 통해 이 땅에 회복과 평안을 이루십니다. 그리고 하나님 나라의 새로운 반전 이야기를 시작하십니다. 교회가 세상을 구원하는 하나님의 꿈이고 희망이자 전략이기 때문입니다. 예수님도 마태복음에서 그렇게 말씀하셨습니다.

> 또 내가 네게 이르노니 너는 베드로라 내가 이 반석 위에 내 교회를 세우리니 음부의 권세가 이기지 못하리라 내가 천국 열쇠를 네게 주리니 네가 땅에서 무엇이든지 매면 하늘에서도 매일 것이요 네가 땅에서 무엇이든지 풀면 하늘에서도 풀리리라 하시고(마 16:18-19).

교회는 하늘 문을 열고 닫는 축복의 열쇠입니다. 하나님은 '교회'를 통해 그분의 뜻을 이루어 가십니다. 비록 교회에 문제가 있어 보여도 여전히 이 땅의 소금과 빛은 교회인 것입니다. 그렇다면 왜 하나님은 이렇게 낮고 낮은 봉우리인 교회를 사용하시는 것일까요?

> 형제들아 너희를 부르심을 보라 육체를 따라 지혜로운 자가 많지 아니하며 능한 자가 많지 아니하며 문벌 좋은 자가 많지 아니하도다 그러나 하나님께서 세상의 미련한 것들을 택하사 지혜 있는 자들을 부끄럽게 하려 하시고 세상의 약한 것들을 택하사 강한 것들을 부끄럽

게 하려 하시며 하나님께서 세상의 천한 것들과 멸시받는 것들과 없는 것들을 택하사 있는 것들을 폐하려 하시나니 이는 아무 육체도 하나님 앞에서 자랑하지 못하게 하려 하심이라(고전 1:26-29).

세상 사람들은 자기 능력이나 스펙으로 인생의 반전을 시도합니다. 하지만 하나님은 그런 사람이 아니라 미련하고 별 볼 일 없어 보이는 교회를 통해 세상을 회복시키고 민족을 살리는 일을 이루어 가십니다. 하나님이 반전의 역사를 만들어 가셨다는 것을 알고 사람들이 지혜와 지식과 돈과 권력이 아니라 하나님 그분만 의지하게 하시는 것입니다.

사도 바울은 "이 외의 일은 고사하고 아직도 날마다 내 속에 눌리는 일이 있으니 곧 모든 교회를 위하여 염려하는 것이라"(고후 11:28)고 말했습니다. 어떻게 하면 교회를 교회답게 만들 수 있는지에 대한 고민이 가득했던 것입니다. 그래서 바울은 교회를 세우고 교회를 교회답게 만드는 사역을 위해 자신의 목숨까지 걸었으며, 심지어 그리스도가 고난을 남겨 놓으셨다면 교회를 위해 그 고난까지 기꺼이 받겠다고 했습니다(골 1:24). 그러므로 우리도 바울처럼 하나님의 교회를 사랑하고 섬기고 세우며 교회의 사명과 역할을 잘 감당할 수 있도록 힘써야 합니다.

교회를 통해 성취된다

우리가 교회를 더 사랑하고 섬겨야 하는 결정적인 이유가 있습니다. 하나님이 교회를 통해 샬롬을 성취하시기 때문입니다. 본문 3절에는 회복의 날에 이른 이스라엘 백성의 모습이 나오는데 거기에 생소한 단어가 있습니다. 바로 "보습"이란 말로 이것은 곡괭이를 뜻합니다. 즉 3절은 다시는 전쟁하지 않고 농사를 지으며 평화롭게 산다는 의미로, 전쟁하고 반목하던 상황에 샬롬의 평화가 찾아온다는 것입니다. 이 얼마나 놀라운 반전입니까?

복음의 핵심이신 예수님은 바로 교회와 함께 이 놀라운 역사를 이루어 가십니다. 구약은 교회의 모형인 이스라엘을 통해 하나님이 이루신 구원의 역사를 기록한 것이고, 신약은 영적인 새 이스라엘을 상징하는 교회를 통해 하나님이 일하심을 강조합니다. 그래서 사도들은 구약 시대의 이스라엘을 교회로, 신약 시대의 교회를 영적인 이스라엘이라고 가르쳤습니다. 성경을 교회 중심으로 풀어가는 것입니다.

> 시내 산에서 말하던 그 천사와 우리 조상들과 함께 광야 교회에 있었고 또 살아 있는 말씀을 받아 우리에게 주던 자가 이 사람이라(행 7:38).

사도행전 7장에서는 광야에 있던 이스라엘을 "광야 교회"라고 표현합니다. 더 나아가 사도 바울은 이스라엘이 홍해를 건넌 사건을 민족적으로 침례를 받은 것으로 해석합니다(고전 10:1-2). 즉 구약은 신약의 모형이요, 신약은 구약의 실체입니다. 또한 영적으로도 이스라엘은 교회이기에 "광야 교회"라고 표현한 것입니다. 말씀에도 그 내용이 나와 있습니다.

> 영원부터 만물을 창조하신 하나님 속에 감추어졌던 비밀의 경륜이 어떠한 것을 드러내게 하려 하심이라 이는 이제 교회로 말미암아 하늘에 있는 통치자들과 권세들에게 하나님의 각종 지혜를 알게 하려 하심이니(엡 3:9-10).

"비밀의 경륜"은 '비밀스러운 하나님의 경영 계획'을 뜻합니다. 그리고 말씀에 나와 있듯이 하나님은 교회를 통해, 교회로 말미암아 하나님의 구원과 회복, 반전의 역사를 이루어 가십니다. 결국 복음의 핵심은 예수 그리스도요, 복음의 중심은 교회인 것입니다. 그만큼 교회는 중요합니다. 그러므로 우리는 교회를 위해 항상 기도해야 합니다.

어떤 사람은 교회에 다니지 않아도 예수님을 온전히 믿을 수 있다고 말하는데 그것은 불가능한 이야기입니다. 교회는 그리스도의 몸이요, 그리스도는 교회의 머리이기 때문입니다. 그만큼 예수 그리스도와 교회는 뗄 수 없는 관계입니다.

> 우리 가운데서 역사하시는 능력대로 우리가 구하거나 생각하는 모든

> 것에 더 넘치도록 능히 하실 이에게 교회 안에서와 그리스도 예수 안에서 영광이 대대로 영원무궁하기를 원하노라 아멘(엡 3:20-21).

에베소서 3장에는 "교회 안에서"가 먼저 나옵니다. 그리고 교회와 그리스도 예수 안에서 우리가 누려야 할 놀라운 반전의 이야기를 이루어 간다고 하십니다. 이처럼 예수 그리스도와 교회는 함께 갑니다. 하나님을 사랑하고 섬긴다면 동시에 교회를 사랑하고 섬겨야 하는 것입니다. 결국 '어떻게 보이지 않는 하나님을 사랑하고 섬기는가?'라는 질문에 대한 답은 교회에 있습니다.

교회는 건물이나 기관이 아닙니다. 고린도전서 1장 2절에 나온 것처럼 예수 그리스도를 구주로 믿는, 모든 하나님의 사람들이 교회입니다. 본문에서 미가 선지자는 "만민이 각각 자기의 신의 이름을 의지하여 행하되 오직 우리는 우리 하나님 여호와의 이름을 의지하여 영원히 행하리로다"(5절)라고 고백합니다. 우리는 이 고백처럼 우리의 지식과 능력이 아니라 오직 여호와의 이름을 의지해야 합니다. 예수님은 이렇게 말씀하셨습니다.

> 나 예수는 교회들을 위하여 내 사자를 보내어 이것들을 너희에게 증언하게 하였노라(계 22:16).

예수님은 교회를 위해 선지자와 목사를 보내 가르치셨습니다. 그러므로 우리는 예수님이 사랑하신 교회를 사랑해야 합니다. 사도행전 20장 28절 말씀처럼 교회는 하나님의 피 값으로 사신 하나님의 꿈입니다. 하나님에 대한 사랑은 교회에 대한 사랑으로 증명하는 것입니다. 그렇다면 우리는 교회를 어떻게 사랑해야 합니까?

앞서 설명했듯이 교회는 하나님의 사람들입니다. 그래서 거창한 일도 중요하지만 성도에 대한 작은 배려와 섬김으로 교회 사랑을 실천할 수 있습니다. 약하고 작은 자들을 도와주는 것, 먼저 반갑게 인사하는 것, 교회 식당에서 양보하고 질서를 지키는 것, 일찍 와도 먼 곳에 주차하는 것이 모두 중요합니다. 이렇게 작은 일부터 실천하며 교회를 사랑하기 바랍니다. 그때 우리 교회가 건강한 교회가 되고, 그로 인해 우리 교회가 속한 이 지역이 건강해지고, 나아가 이 나라가 변화될 것입니다.

지금 답답하고 괴로운 상황에 있더라도 낙심하지 마십시오. 끝이 아닙니다. 교회 안에서 시작하고 교회를 통해 성취하시는 하나님이 계시니 그분을 믿고 변화의 삶을 살기로 결단하기를 바랍니다. 그때 하나님은 우리의 삶에 놀라운 반전의 축복을 주실 것입니다.

룻 2:4

마침 보아스가 베들레헴에서부터 와서
베는 자들에게 이르되
여호와께서 너희와
함께 하시기를 원하노라 하니
그들이 대답하되 여호와께서 당신에게
복 주시기를 원하나이다 하니라

일상을 새롭게 바라보는 힘

/ 룻 2:1-9

요즘은 모든 것이 너무 빨라서 적응하기가 참 힘듭니다. 가만히 있으면 중간이라도 가는 것이 아니라 확 뒤처지는, 그야말로 속도가 트렌드인 시대입니다. 그러다 보니 사람들은 빨리, 즉각적으로 일이 이루어지지 않으면 견디지 못합니다. 빨리 성공하고, 빨리 진급하고, 빨리 돈을 벌어야 합니다.

그러나 인생은 우리의 마음처럼 속도로 결정되는 것이 아닙니다. 우리를 기다려 주시는 하나님의 사랑으로 결정됩니다. 만일 하나님이 세상 사람들처럼 빠르게 판단하고 쉽게 결정을 내리셨다면 우리는 구원받지도 못하고 이렇게 살아갈 수도 없을 것입니다. 하나님이 우리의 부족함, 미련함을 끝까지 참아 주신 것이 은혜입니다. 그러므로 인생이 비록 기대한 시간과 다르게 흘러가더라도 결코 실망하거나 낙심하지 마십시오. 하나님이 지금 이 순간에도 우리를 위해 일하고 계십니다.

저도 살면서 계획하고 의도한 대로 되지 않아 답답할 때가 있었습니다. 하지만 지나고 나서 그때 하나님이 다른 길을 열어 다른 방식으로 저를 인도하셨음을 깨달았습니다. 여러분 중에 하나님이 자신에게 침묵하고 자신을 버리셨다고 여길 정도로 힘들고 괴로운 사람이 있습니까? 예수님도 3일 동안 무덤에 계셨다는 것을 잊지 마십시오. 그분은 모두 끝났다고 생각할 때까지 무덤에 계시다가 다시 부활하셨습니다.

우리에게는 반전의 그날, 부활의 날이 있습니다. 그 놀라운 이야기가 본문에도 나옵니다. 그 주인공은 나오미와 룻입니다. 알다시피 룻기는 이스라엘 땅의 흉년에서부터 이야기가 시작됩니다. 나오미는 베들레헴에 살았는데 비옥하고 부유한 땅이었던 그곳마저 흉년이 들어 심한 기근에 시달렸습니다.

그래서 나오미의 남편 엘리멜렉이 아내와 두 아들을 데리고 베들레헴을 떠나 모압이라는 이방 나라로 이민을 가기로 결정했습니다. 아마 제2의 인생을 꿈꾸며 새로운 삶에 대한 기대가 있었을 것입니다. 그러나 그 꿈은 비참하게 무너지고 완전한 실패로 끝났습니다. 가진 것을 다 잃고 엘리멜렉과 두 아들이 죽어 과부 셋만 남은 것입니다.

살다 보면 더 좋은 것, 많은 것을 얻으려고 시도하고 도전하지만 얻기는커녕 가진 것도 다 잃을 때가 있습니다. 계획대로 이루어지면 좋겠지만 내 뜻대로 되지 않는 것이 인생입니다. 힘겹게 강을 건너면 될 줄 알았는데 예상하지 못했던 깊은 계곡이 또 나타나는 것입니다. 나오미의 인생이 그랬습니다. 인간적으로는 더 이상 헤어 나올 방법이 없어 보였습니다.

하지만 그녀는 세상이 무너지는 듯한 캄캄하고 절망스런 상황 속에서도 결코 하나님을 놓지 않았습니다. 경험할 수 있는 인생의 쓴맛을 다 보고 무척 괴로웠지만 그럼에도 하나님을 붙들고 믿음으로 다시 시작했습니다. 베들레헴으로 돌아가 하나님과 함께하는 삶을 살기로 결정한 것입니다. 그리스도인이라고 해서 모든 일이 잘 풀리는 것은 아닙니다. 우리도 인생의 흉년을 만납니다. 그러나 흉년보다 중요한 것은 흉년을 통과하는 우리의 반응과 믿음입니다.

죽은 나오미의 남편 '엘리멜렉'이라는 이름은 '여호와는 나의 왕이시다'라는 뜻입니다. 그러나 그는 이름에 걸맞게 살지 못했습니다. 하나님의 뜻을 구하지 않고 자기 생각대로 이민을 결정하고 행동한 것입니다. 엘리멜렉이 이주해 간 곳은 모압입니다. 신명기 23장을 보면 모압은 부적절한 민족으로 영원히 이스라엘의 일원이 될 수 없다고 기록되어 있습니다. 그럼에도 엘리멜렉은 하나님의 말씀과 반하는 선택을 한 것입니다.

그 선택으로 그들의 삶은 비참한 결과를 맞았습니다. 엘리멜렉과 두 아들이 죽고 그 가정은 빈털터리가 된 것입니다. 그러나 나오미는 며느리 룻과 함께 하나님이 약속하신 땅 베들레헴으로 돌아오게 됩니다. 모든 것을 다 잃고 나서 다시 시작하기로 한 것입니다. 인간적으로 볼 때 결코 쉬운 일이 아닙니다. 실패해서 낙향하는 그들을 향해 사람들의 수군거림은 얼마나 컸겠습니까? 분명 큰 상처가 될 것이 뻔했습니다.

그러나 나오미는 믿음으로 돌아왔고 그 선택으로 예수님의 육적 조상이 되는 영적 축복을 누리게 되었습니다. 하나님이 나오미를 통해 반전의 역사를 이루신 것입니다. 여러분도 나오미와 룻처럼 반전의 역사, 부활의 역사를 누리기 원합니까? 그렇다면 우리는 그들이 보여 준 두 가지 믿음을 소유해야 합니다.

스케일이 큰 신앙으로 인생을 바라보자

본문 3-4절을 묵상하다 보면 두 단어가 눈에 들어옵니다. 그것은 "우연히"와 "마침"입니다. 베들레헴에 온 룻이 우연히 보아스의 밭에 들어갔는데, 마침 그곳에서 보아스를 만난 것입니다. 얼마나 기가 막히고 놀라운 일입니까?

율법에 따르면 가난한 룻이 가문의 대를 이어 새로운 가정을 꾸리려면 엘리멜렉의 친족 중 부자인 사람을 만나야 했습니다. 그런데 바로 그 기준에 딱 맞는 사람을 우연히 들어간 밭에서 만난 것입니다. 사실 그 사건은 인간의 수평적인 시각으로는 우연이지만 하나님의 총체적인 시각으로는 섭리 안에서 예정된 만남이었습니다.

살다 보면 우리의 능력으로는 할 수 없는 일들이 참으로 많습니다. 그러나 인생을 우리의 이성이나 경험으로 풀면 안 됩니다. 우리에게 최고의 것을 주고자 하시는 하나님의 섭리로 풀어내야 합니다. '섭리'는 영어로 'providence'인데 이 단어는 라틴어에서 유래되었습니다. 'pro'는 '~의 앞에', 'videre'는 '본다'라는 뜻입니다. 그래서 이 둘을 합치면 '앞에서 본다', '미리 본다', '전체를 본다'라는 의미가 됩니다. 즉 룻이 보아스를 만난 사건은 우연처럼 보여도 사실은 앞에서 보시고 미리 보시고 전체를 보시는 하나님의 섭리인 것입니다.

때로는 어려운 현실 속에서 '하나님은 살아 계신가? 정말 나를 사랑하시는가?'라는 의문을 갖게 됩니다. 그러나 하나님은 그분의 섭리 안에서 우리 각자의 상황에 맞추어 가장 선한 길로 인도하십니다. 그러므로 인생이 기대한 시간과 다르게 움직여도 다른 사람과 비교하거나 조급해하지 마십시오. 하나님은 우리의 인생이 휘어지고 틀어지지 않게 가장 바르고 좋은 길로 인도하십니다.

사실 룻기에는 하나님이 직접 역사하신 흔적이 없습니다. 예를 들어 '룻이 하나님을 만났다', '하나님이 룻에게 말씀하셨다', '하나님이 역사하셨다'와 같은 구절이 없다는 것입니다. 그러나 오히려 그 부분이 더 은혜가 됩니다. 하나님을 직접적으로 만난 경험은 없지만 룻의 이야기를 통해 삶을 주관하시고 인도하시는 하나님을 볼 수 있기 때문입니다. 여러분도 하나님을 직접 경험하지 못했더라도, 그분이 지금도 나를 위해 일하고 계신다는 깨달음을 얻기 바랍니다. 하나님은 우리의 인생 가운데 우리를 돕고 그분의 섭리 가운데 우리를 인도하고 계십니다.

당시 나오미와 룻은 벼랑 끝에서 헤매고 있었지만 하나님은 그들이 알 수 없는 그분의 섭리로 일하셨습니다. 그래서 "우연히" 보아스의 밭으로 인도하셨고, "마침" 보아스가 그 밭에 오도록 하신 것입니다. 로마서 8장에는 이렇게 기록되어 있습니다.

> 만일 우리가 보지 못하는 것을 바라면 참음으로 기다릴지니라…우리가 알거니와 하나님을 사랑하는 자 곧 그의 뜻대로 부르심을 입은 자들에게는 모든 것이 합력하여 선을 이루느니라(롬 8:25, 28).

이는 '너희가 보지 못하면 참아라, 하나님은 모든 것을 합력하여 선을 이루신다'라는 뜻입니다. 여기서 "합력"은 헬라어로 '수네르게오'인데 여기서 '시너지'(synergy)라는 단어가 나왔습니다. 시너지는 개별적인 것들이 하나가 되어 개별적으로 얻을 수 있는 것 이상의 효과를 내는 것을 의미합니다. 즉 하나님은 우리의 모든 경험과 상처와 아픔까지 합력하여 최선의 결과로 이끄신다는 것입니다.

하나님이 아브라함을 통해 큰 민족을 이루고 그 민족으로 위대한 일을 이루겠다고 하셨지만 그 후 아브라함은 30년이란 시간을 기다려야 했습니다. 그리고 그때가 되어서야 하나님은 아브라함에게 이삭을 주셨습니다. 그러므로 우리는 하나님의 섭리를 기억하고 우리 수준을 넘어 스케일이 큰 신앙으로 인생을 바라보아야 합니다.

하나님은 우리의 실수나 상처, 악인들의 악한 행위까지도 합력하여 선을 이루십니다. 지금 겪는 고난과 어려움은 여러분을 정금같이 단련시켜서 부활의 삶을 살게 하시려는 하나님의 섭리임을 기억하십시오. 그리고 괴로운 과거에 매여 살지 말고 하나님이 만들어 가실 감격적인 미래를 기대하기 바랍니다. 믿음은 현실을 하나님의 관점으로 재해석하는 것입니다. 그러므로 여러분의 가정과 인생을 하나님의 관점으로 재해석하며 하나님이 모든 것을 그분의 섭리 가운데 인도하심을 믿으십시오.

디테일한 신앙으로 오늘을 살아가자

우리는 성경을 읽으면서 하나님의 두 가지 모습을 발견합니다. 온 우주를 창조하신 큰 하나님, 우리의 머리털까지 세신 디테일한 하나님은 정반대의 모습이지만 동일하신 분입니다. 모든 백성을 구원하시면서 참새 한 마리가 떨어지는 것까지 간섭하시는 세밀한 하나님인 것입니다(마 10:29-31). 그러므로 그 성품을 닮은 우리는 스케일이 큰 신앙으로 살아가되 오늘 이 순간만큼은 디테일한 신앙으로 최선을 다해 살아야 합니다. 그것이 나오미와 룻을 통해 배워야 할 두 번째 자세입니다.

룻이 우연히 보아스의 밭에서 이삭을 줍고 있는데 마침 보아스가 와서 룻을 보게 됩니다. 그리고 보아스가 자기 사환에게 "저 여인이 누구냐?"라고 묻자 사환이 룻에 대해 이야기해 줍니다.

율법에서는 이스라엘 공동체가 가난한 자들을 위해 매년 추수할 때 밭의 주인이 곡식과 과일 일부를 밭에 남겨두게 했습니다. 가난한 사람들도 먹고살게 하려는 하나님의 배려이자 방법이었던 것입니다. 그래서 룻은 정당하게 아무 밭이나 가서 주워도 되었지만 허락을 구했고 기회를 얻은 후에는 온종일 쉬지 않고 최선을 다해 이삭을 주웠습니다. 이런 열심을 본 사환은 보아스에게 이렇게 말합니다.

> 아침부터 와서는 잠시 집에서 쉰 외에 지금까지 계속하는 중이니이다(7절).

많은 사람이 기회가 없다고 하지만 사실은 기회가 와도 준비가 안 되었을 때가 많습니다. 그 당시 룻이 최선을 다해 줍지 않고 조금 일하다가 집에 갔다면 보아스를 만나지 못했을 것입니다. 열심히 이삭을 주웠기에 보아스를 만났고 보아스는 그런 룻에게 호의를 베풀었습니다. 목마르면 물도 마시게 하고 일부러 이삭도 떨어뜨려서 주울 것이 많게 하며 자기 밭에서 계속 이삭을 줍게 하라고 사환에게 전했습니다.

어떤 사람은 자기는 아무것도 안 하고 가만히 있으면서 하나님만 일하시는 것이 믿음이라고 합니다. 하지만 그것은 믿음이 아닙니다. 내가 보지 못해도 나를 위해 일하시는 하나님을 믿는다면 오늘, 지금 이 순간 최선을 다해 살아야 합니다. 그러므로 여러분, 맡은 일에 최선을 다하십시오. 손은 가만히 있으면서 입술만 바쁘게 움직이는 것은 참된 믿음이 아닙니다.

신앙은 하나님이 우리에게 주신 오늘 이 하루를 최선을 다해 사는 것입니다. 그리고 스케일이 큰 신앙이 있기에 디테일한 신앙으로 살 수 있는 것입니다. 모든 것이 합력하여 선을 이루게 하시는 하나님을 믿는다면 매순간 어느 곳에서든 아주 작은 일에도 최선을 다해야 합니다. 예수님은 이렇게 강조하셨습니다.

> 그 주인이 이르되 잘하였도다 착하고 충성된 종아 네가 적은 일에 충성하였으매 내가 많은 것을 네게 맡기리니 네 주인의 즐거움에 참여할지어다 하고(마 25:21).

솔직히 남의 밭에서 이삭을 줍는 것이 얼마나 자존심 상하는 일입니까? 하지만 룻은 미래가 보이지 않고 괴로운 삶 속에서도 우울해하거나 원망하지 않고 자기를 도우시고 함께하시는 하나님의 섭리를 믿었습니다. 그리고 자신의 인생을 스케일이 큰 신앙으로 바라보며 그 순간 최선을 다해 디테일한 신앙으로 살았습니다.

성경에는 '시간'을 의미하는 단어가 세 가지 나옵니다. '크로노스'는 일상의 시간이고 '카이로스'는 하나님이 개입하시는 특별한 시간이며 '플레루'는 그 일이 완성되고 성취되는 시간입니다. 예를 들어 요셉이 노예와 죄수로 보낸 13년은 '크로노스'이고, 어느 날 갑자기 바로 왕 앞에 나가 꿈 해몽을 하고 그것을 계기로 애굽의 총리가 되는 것이 '카이로스'입니다. 그리고 요셉을 통해 온 가족이 구원을 받고 큰 민족을 이루는 것은 '플레루'입니다.

오늘날 많은 사람이 하나님이 역사하실 '카이로스'의 시간을 기다리며 살아갑니다. 그러나 평범한 일상인 '크로노스'의 시간에 디테일한 신앙으로 살아가지 않으면 '카이로스'의 시간은 오지 않습니다. 하나님은 '카이로스'가 아닌 '크로노스'에 주목하시기 때문입니다. 요셉은 '크로노스'의 시간에도 최선의 영성으로 성실하게 살았습니다. 그래서 그런 '크로노스'의 시간이 '카이로스'의 바탕이 되고 마침내 '플레루'의 시간을 경험한 것입니다.

여러분, 직장과 가정에서 보내는 평범하고 반복되는 날들이 쌓여 카이로스의 날을 맞이하게 된다는 것을 기억하십시오. 그러므로 스케일이 큰 신앙으로 인생을 바라보며 하루하루 디테일한 신앙으로 살아가기 바랍니다. 룻기는 이렇게 결론을 맺습니다.

살몬은 보아스를 낳았고 보아스는 오벳을 낳았고 오벳은 이새를 낳고 이새는 다윗을 낳았더라(룻 4:21-22).

그리고 예수님의 족보에는 이런 부분이 있습니다.

살몬은 라합에게서 보아스를 낳고 보아스는 룻에게서 오벳을 낳고 오벳은 이새를 낳고(마 1:5).

정말 놀라운 일입니다. 보아스를 낳은 살몬은 기생 라합의 남편입니다. 우리는 이렇게 불명예스러운 예수님의 족보를 통해 하나님의 방법과 섭리는 다 이해할 수도 없고 감히 판단할 수 없다는 깨달음을 얻게 됩니다. 때때로 우리의 인생 가운데 이해할 수 없는 일이 있지만 그때도 우리를 사랑하셔서 그분의 섭리로 우리의 인생을 풀어 가시는 하나님을 신뢰하고 순종하십시오. 하나님은 반드시 놀라운 반전의 역사를 이루어 축복의 열매를 맺게 하실 것입니다.

룻 4:17

그의 이웃 여인들이

그에게 이름을 지어 주되

나오미에게 아들이 태어났다 하여

그의 이름을 오벳이라 하였는데

그는 다윗의 아버지인

이새의 아버지였더라

죽음마저 극복하는 힘

/ 룻 4:13-22

본문에 등장하는 나오미는 존경을 받아 마땅한 여인입니다. 그녀는 자신이 갖고 있던 모든 것을 다 잃고 견딜 수 없는 절망의 순간에도 포기하지 않고 끝까지 인내했고 믿음으로 다시 시작했기 때문입니다. 하지만 나오미도 처음부터 견딜 만한 힘이 있고 다시 시작할 능력이 있었던 것은 아닙니다. 자기 고향으로 돌아왔을 때 '나오미'(기쁨)가 아니라 '마라'(괴로움)라고 불러 달라고 요청할 정도로 몹시 힘들었습니다.

그 당시 그녀의 인생은 쓴 물처럼 괴롭고 우울했습니다. 사실 이 시대를 살아가는 우리도 마찬가지입니다. 머리를 복잡하게 만드는 문제가 산더미처럼 쌓여 있고 어깨를 무겁게 누르는 부담과 책임도 상당합니다. 하지만 우리도 나오미와 룻처럼 다시 시작할 수 있습니다. 희망과 용기를 가지십시오.

룻기는 비극적으로 시작하지만 행복한 결말로 끝납니다. 상실의 슬픔이 회복의 기쁨으로 반전되는 것입니다. 절망의 나락에서 희망으로 일어서고 잊힌 이름이 잊을 수 없는 이름이 됩니다. 그렇게 될 수 있었던 이유는 무엇입니까? 이제 그 반전의 이유를 살펴보겠습니다.

룻기는 '베레스의 족보'에 대한 소개로 끝을 맺습니다. 얼핏 보면 족보로 끝나는 것이 이해가 안 되지만 사실은 여기에 중요한 영적 교훈이 담겨 있습니다. 말씀에 나온 족보에는 인간적으로 대단하거나 훌륭한 사람이 별로 없고 시작부터 수치스럽고 부끄러운 사람들뿐입니다.

우선 '베레스'라는 사람부터 시작하는데 그는 야곱의 아들 유다가 며느리 다말과의 부적절한 관계 속에서 태어난 아들입니다. 즉 시아버지와 며느리 사이의 불륜으로 생긴 자녀로, 우리 같으면 감추고 싶은 흑역사인 것입니다.

그리고 보아스는 살몬과 기생 라합의 아들입니다. 또한 룻은 이스라엘이 혐오하며 상대하지 않았던 모압 여인입니다. 더구나 이미 한 번 결혼한 전력이 있던 과부였습니다. 모압 족속은 소돔과 고모라가 멸망할 때 아브라함의 조카 롯이 도망쳐 나온 후 산에 숨어 살면서 맏딸과 근친상간으로 시작된 민족입니다. 이것도 우리 같으면 숨기고 싶은 족보 내용입니다.

그런데 왜 이런 계보가 성경에 나왔을까요? 게다가 이 계보를 통해 이 땅을 구원할 메시아 예수님이 탄생했습니다. 결국 수치스러운 계보에서 자랑스러운 계보로 반전된 것입니다. 멸족 위기의 가문이 왕의 가문으로 바뀌고, 버림받은 이방인에서 선택받은 믿음의 명문 가문이 되었습니다. 정말 놀라운 반전입니다.

그러면 이런 반전이 나타날 수 있었던 이유는 무엇일까요? 룻의 이야기와 베레스의 계보를 통해 발견한 핵심은 바로 하나님의 사랑입니다. 나오미가 헌신을 많이 하거나 믿음이 대단했기 때문이 아닙니다. 룻이 큰일을 했기 때문도 아닙니다. 단지 그들을 향한 이유 없는 하나님의 사랑 때문이었습니다. 그들이 믿음으로 다시 시작할 수 있었던 것은 모두 그들에 대한 하나님의 사랑 때문이었던 것입니다.

하나님 사랑에는 이유가 없다

본문에서 하나님은 아이를 낳지 못하던 이방 여인 과부 룻이 보아스의 아내가 되어 아이를 낳도록 섭리하셨습니다. 그리고 그 결과 멸족 위기에 처한 나오미 가족은 믿음의 명문 가문이 되었습니다. 룻기를 아무리 봐도 하나님이 그렇게 하셔야 할 특별한 이유는 없습니다. 다만 이유가 있다면 '이유 없는 하나님의 사랑'

뿐입니다.

보아스를 통해 이런 하나님의 사랑이 드러납니다. 율법에 따르면 당시 룻과 결혼할 수 있는 자격을 갖고 있던 사람은 보아스가 아니었습니다. 나오미와 제일 가까운 친척이 따로 있었던 것입니다. 그러나 나오미에게 소속된 기업을 차지할 권리를 갖고 있던 그는 그 권리를 포기했습니다. 룻기 4장 5-6절을 우리말성경으로 보겠습니다.

> 그때 보아스가 말했습니다. 자네가 나오미에게서 그 땅을 사는 날 남편이 죽은 과부인 모압 여자 룻도 떠맡아야 할 것일세. 그 죽은 사람의 이름으로 그 유산을 이어 가도록 말일세. 이 말에 그 친척이 말했습니다. 그렇다면 나는 사 줄 수 없겠군. 내 유산에 손실이 갈까 봐 말이야. 자네가 사 주게. 나는 못하겠네(룻 4:5-6, 우리말성경).

율법에 따르면 나오미의 몫으로 된 땅의 소유권을 가져가려면 룻을 아내로 삼아서 나오미의 가문을 이어 줘야 했습니다. 그런데 그 친족은 그것이 손해라서 권리를 포기한 것입니다. 세상 사람들은 대부분 그 사람처럼 사랑이 아니라 유익을 선택합니다. 자기에게 손해가 되는 일을 절대로 하지 않는 것입니다.

그러나 보아스는 룻을 사랑했기에 대가 지불을 주저하지 않았습니다. 사실 재력이 있던 보아스가 이스라엘의 총회에도 들어올 수 없는 모압 여인 룻을 사랑해 자기 가문을 포기하고 나오미

가문을 이어 가는 것은 인간적으로 정말 바보 같은 짓이었습니다. 그럼에도 보아스는 룻을 사랑하고 아내로 맞이하기 위해 주변의 따가운 눈총과 손해를 기꺼이 감수했습니다.

당시 주변 사람들은 그 정도의 재력과 능력을 갖고 있는 보아스가 대체 왜 자기 권리를 모두 포기하고 모압 과부와 결혼해 나오미 가문을 세워 주려는지 전혀 이해하지 못했을 것입니다. 그러나 보아스는 룻을 사랑했기에 모든 것을 포기하고 모든 조롱을 감수했습니다. 그리고 마침내 그는 예수님의 족보에 오르는 영광을 얻었습니다.

우리는 보아스를 통해 위대한 하나님의 사랑을 깨닫게 됩니다. 예수님은 룻처럼 사랑받을 만한 자격이 없는 우리를 위해 십자가에 달려 죽는 수모까지 당하며 우리를 사랑하셨습니다. 우리는 이런 이유 없는 사랑, 감당할 수 없는 사랑으로 하나님의 자녀가 되는 권세와 능력을 얻게 된 것입니다. 바로 이 사랑이 우리를 다시 시작하게 만드는 힘과 능력입니다.

룻기에 나오는 족보는 베레스에서 다윗까지입니다. 그리고 다윗 다음에 솔로몬이 나오는데 그도 다윗과 밧세바의 부적절한 관계로 태어난 아들입니다. 그 내용은 모두 도무지 우리가 이해할 수 없는 역사입니다. 하지만 그것을 통해 이유 없는 하나님의 사랑이 위대한 축복의 기초이자 다시 시작하는 힘과 능력이 된다는 것을 알게 됩니다.

여러분은 솔로몬에게 다른 이름이 있다는 것을 알고 있습니까? 솔로몬이 치열하고 절박한 왕권 싸움에서 승리하여 왕이 되고 모든 사람에게 칭송받는 위대한 왕이 된 것은 그가 똑똑해서가 아니라 이유 없는 하나님의 사랑 때문이었습니다. 말씀을 보십시오.

선지자 나단을 보내 그의 이름을 여디디야라 하시니 이는 여호와께서 사랑하셨기 때문이더라(삼하 12:25).

우리는 너무나 부족하고 연약하지만 이유 없이 우리를 사랑하시는 하나님의 은혜로 위대한 그분의 자녀가 되었습니다. 그러므로 더 이상 열등감과 낮은 자존감으로 슬퍼하지 마십시오. 이제 우리가 다시 시작할 수 있는 힘과 능력을 소유하는 방법은 하나님의 사랑 안에 거하는 것임을 깨닫고 그렇게 살아가기를 바랍니다.

우리는 우리를 이용하려는 세상이 아니라 한없이 우리를 사랑하시는 하나님께 인생을 맡겨야 합니다. 다시 시작하게 하는 힘과 능력은 하나님의 사랑에서 나오기 때문입니다. 그럼에도 어떤 사람은 자격을 운운하며 하나님의 사랑을 받아들이지 않습니다. '나는 지은 죄가 많아서요', '저는 사랑받을 자격이 없어요'라며 그분의 사랑을 거절합니다.

그러나 그런 걱정은 할 필요가 없습니다. 하나님은 아무 이유 없이 우리를 있는 모습 그대로 사랑해 주시기 때문입니다. 그것이 바로 불공평한 은혜입니다. 그런데 이유 없는 하나님의 사랑에도 딱 한 가지 이유가 있습니다.

하나님 사랑에는 이유가 있다

본문 16-17절에서 룻이 낳은 아들 오벳은 다윗의 할아버지입니다. '오벳'은 '섬긴다'라는 뜻으로, 하나님이 나오미 가문을 하나님을 섬기는 왕의 가문으로 만들어 주시고 구원의 역사를 이루신 것입니다. 그것이 바로 나오미와 룻을 사랑하신 이유입니다. 즉 하나님이 나오미와 룻을 사랑하셔서 멸족 위기에 처한 불행한 가문을 세상을 구원하는 왕의 가문으로 우뚝 서게 하셨습니다.

하나님은 사랑하시는 자를 통해 구원의 역사를 이루어 가십니다. 그러므로 우리는 분명히 알아야 합니다. 하나님이 우리를 이유 없이 사랑하시는 것은 우리로 하나님만 사랑하고 섬기며 살게 하기 위함입니다.

> 그가 모든 사람을 대신하여 죽으심은 살아 있는 자들로 하여금 다시는 그들 자신을 위하여 살지 않고 오직 그들을 대신하여 죽었다가 다시 살아나신 이를 위하여 살게 하려 함이라(고후 5:15)

말씀에 분명히 나와 있습니다. 하나님은 우리가 탐욕스럽고 죄악된 우리 자신을 위해 살지 않고 우리를 사랑하신 하나님을 섬기며 살기 원하십니다. 그래서 우리를 이유 없이 사랑하신 것입니다. 우리는 그 사랑을 '통해' 구원받았을 뿐 아니라 그렇게 사랑하신 하나님을 '위해' 구원을 받았습니다.

따라서 우리는 이유 없이 우리를 사랑하신 하나님을 삶의 이유로 삼아야 합니다. 하나님께 사랑받는 것이 삶의 존재 목적이 되어야 하는 것입니다. 그리고 하나님께 받은 사랑에 감사하며 그분을 섬기는 자녀요, 그 사랑을 전하는 통로로 살아야 합니다.

우선 주님이 나를 쓰시도록 내 인생, 내 시간, 내 재능, 내 열정, 내 물질, 심지어 내 비전까지 드리십시오. 목숨 걸고 하나님을 섬기며 사는 것이 가장 큰 축복이기 때문입니다. 그러나 하나님을 섬기며 사는 것은 무슨 엄청난 일을 의미하는 것이 아닙니다. 앞서 설명한 것처럼 스케일이 큰 신앙으로 인생을 바라보며 디테일한 신앙으로 오늘을 살면 됩니다.

성경을 읽어 보면 오벳은 무슨 큰일을 하거나 위대한 업적을 남긴 인물이 아닙니다. 그저 그는 나오미의 손자로, 룻의 자녀로, 이새의 아버지와 다윗의 할아버지로 평범한 일상을 살았습니다. 그런데 하나님이 오벳 가문을 통해 위대한 구원의 역사를 이루신 것입니다. 마찬가지로 우리가 하나님이 주신 일상에 최선을 다해 살 때 그분은 우리의 삶 가운데 역사하실 것입니다.

그것은 거창한 것이 아니라 매일 말씀을 묵상하고 기도하는 것, 양육 훈련에 성실하게 참여하며 성도의 교제를 이루는 것, 소자에게 물 한 잔을 주는 것입니다. 그것이 바로 일상에 최선을 다하는 모습입니다. 이렇게 모든 위대한 것은 작은 사랑의 실천에서부터 시작됩니다.

성경에 나오는 모든 인물은 우리 못지않게 실패하고 좌절하고 낙심하며 살았지만 이유 없는 하나님의 사랑을 삶의 이유로 삼고 다시 시작할 수 있었습니다. 우리를 향한 하나님의 사랑이 우리를 살리고 춤추게 합니다. 그러므로 이제 더 이상 좌절하거나 낙심하지 말고 우리를 사랑하셔서 독생자까지 주신 그 사랑으로 다시 시작하기 바랍니다.

> 누가 우리를 그리스도의 사랑에서 끊으리요 환난이나 곤고나 박해나 기근이나 적신이나 위험이나 칼이랴 기록된 바 우리가 종일 주를 위하여 죽임을 당하게 되며 도살당할 양같이 여김을 받았나이다 함과 같으니라 그러나 이 모든 일에 우리를 사랑하시는 이로 말미암아 우리가 넉넉히 이기느니라 내가 확신하노니 사망이나 생명이나 천사들이나 권세자들이나 현재 일이나 장래 일이나 능력이나 높음이나 깊음이나 다른 어떤 피조물이라도 우리를 우리 주 그리스도 예수 안에 있는 하나님의 사랑에서 끊을 수 없으리라(롬 8:35-39).

말씀에 나온 것처럼 그 무엇도 하나님의 사랑에서 우리를 끊을 수 없습니다. 그 사랑은 낙심하고 실망한 우리를 다시 시작하게 만드는 힘과 능력입니다.

그동안 여러분이 힘들다고 포기하거나 나중으로 미룬 것이 있습니까? 그럼에도 이 한 가지만 기억하십시오. 하나님이 끝이라고 하실 때까지는 절대 끝난 것이 아닙니다. 하나님의 사랑을 믿고 나아갈 때 분명 그분은 여러분의 인생에 역사하실 것입니다. 이제 여러분을 향한 하나님의 사랑의 힘으로 다시 시작하십시오. 이유 없는 하나님의 사랑이 다시 시작할 수 있는 힘입니다. 하나님의 사랑을 삶의 이유로 삼고 그 사랑 안에서 살며 나오미와 룻이 경험한 반전의 역사를 누리는 여러분이 되기 바랍니다.

예수님은 룻처럼

사랑받을 만한 자격이 없는

우리를 위해

십자가에 달려 죽는 수모까지 당하며

우리를 사랑하셨습니다.

우리는 이런 이유 없는 사랑,

감당할 수 없는 사랑으로

하나님의 자녀가 되는 권세와 능력을

얻게 된 것입니다.

민 3:16

모세가 여호와의 말씀을 따라
그 명령하신 대로 계수하니라

사명

자발적인 책임을 감당하는 힘

/ 민 3:14-16

요즘은 미세먼지 때문에 어려움이 많습니다. 거기에 황사까지 겹치면 대책이 없을 정도입니다. 황사는 몽골 사막에서 불어오는 흙바람인데, 저는 인생이 황사를 일으키는 광야 같다는 생각이 듭니다. 광야에서는 바람이 불면 숨쉬기도 힘들고 사나운 동물이나 해로운 곤충이 나타나 습격할지도 모르는 데다 강도까지 출몰한다면 정말 대책이 없을 것입니다.

그런데 놀랍게도 이스라엘 백성은 무려 40년 동안 그런 광야에서 살았습니다. 광야는 미지의 세계로 어떤 적을 만날지, 어떤 일이나 문제가 발생할지 모르는 곳입니다. 그러나 가만히 보면 이스라엘 백성만 광야에서 산 것이 아닙니다. 우리가 살고 있는 세상도 광야와 같습니다. 예측이 불가능한 시대라서 평범하게 살기도 힘들기 때문입니다.

이스라엘 백성이 40년 동안 광야에서 살았다는 것이 새삼 신기합니다. 그들은 어떻게 버틸 수 있었을까요? 그 비결은 사람이 아니라 하나님께 있습니다. 민수기를 읽어 보면 이스라엘 백성이 광야에서 생존한 이유를 발견하게 됩니다. 본래 '광야'라는 단어의 어원은 '말씀'을 뜻하는 '다바르'에서 나왔습니다. 참으로 역설적이지만 하나님은 편안한 성이 아니라 황량한 광야에서 말씀하십니다. 우리가 실패하고 좌절하고 괴로워하는 광야에서 말씀하시는 것입니다. 그런 의미에서 광야는 축복이고 고통은 새로운 기회라 할 수 있습니다.

인간적으로 볼 때 광야는 사람이 살 수 없는 쓸모없는 땅 같지만 영적으로는 하나님의 말씀을 들을 수 있는 장소요, 그분과 가까워질 수 있는 체험 학습의 장입니다. 만일 여러분의 삶이 광야와 같다면 바로 지금이 하나님의 음성을 듣고 그분과 가까워질 수 있는 절호의 기회임을 알아야 합니다. 그 깨달음으로 광야를 비극의 장소가 아니라 축복의 장소로 삼기 바랍니다.

하나님은 광야에서 이스라엘 백성에게 말씀하셨고 그들이 살 수 있도록 인도하시며 보호하셨습니다. 그 첫 작업이 인구 조사입니다. 하나님은 싸움에 나갈 수 있는 사람들을 지파별로 계수하라고 말씀하시고 계수된 백성을 중심으로 행군하는 방법과 분

담할 일을 알려 주셨습니다. 그런데 레위 지파는 계수에 들어가지 않았습니다.

> 이스라엘 중 이십 세 이상으로 싸움에 나갈 만한 모든 자를 너와 아론은 그 진영별로 계수하되(민 1:3).

> 보라 내가 이스라엘 자손 중에서 레위인을 택하여 이스라엘 자손 중에 태를 열어 태어난 모든 자를 대신하게 하였은즉 레위인은 내 것이라(민 3:12).

여기서 '택하다'라는 말은 '라카흐'로 완료형이 사용되었습니다. 즉 하나님이 오래전부터 이미 레위 자손을 그분을 섬기는 사명자로 선택하셨다는 것입니다. 그러나 레위 지파에게만 사명을 주신 것이 아닙니다. 하나님은 우리에게도 동일하게 그분을 섬기는 사명을 주셨습니다. 말씀에도 분명하게 나와 있습니다.

> 우리는 그가 만드신 바라 그리스도 예수 안에서 선한 일을 위하여 지으심을 받은 자니 이 일은 하나님이 전에 예비하사 우리로 그 가운데서 행하게 하려 하심이니라(엡 2:10).

하나님은 그분을 섬기는 사명을 위해 우리를 구원하셨습니다. 우리는 하나님이 우리를 구원하신 목적과 우리의 존재 이유를 알게 될 때 비전과 열정이 생깁니다. 사명이 우리를 다시 시작하게 만드는 것입니다. 그러므로 오해하지 마십시오. 하나님을 섬기는 사명은 목사들뿐 아니라 모든 성도가 받았습니다. 우리는 모두 왕 같은 제사장인 것입니다. 그렇다면 하나님을 섬기는 사명은 구체적으로 어떤 것일까요?

하나님의 편에 서는 축복이다

먼저 본문에 나오는 레위 족속이 어떤 사람들인지 보겠습니다. 창세기 34장에는 레위가 계략을 꾸며 시므온과 여동생 디나를 욕보인 세겜 족속을 몰살시키고 모든 재물을 빼앗은 내용이 나옵니다. 그만큼 레위 족속은 굉장히 호전적이고 잔인한 사람들이었던 것입니다. 그래서 야곱은 유언에서 시므온과 레위가 적에게 지나치게 잔인한 행동을 한 것에 대해 언급하면서 그들을 저주했고, 그 결과 레위 족속은 가나안 땅에 흩어져 살게 되었습니다.

그런데 본문에서는 레위 족속이 하나님을 섬기는 영적 장자의 역할을 감당하고 있습니다. 대체 그동안 어떤 일이 있었던 것입니까? 계속해서 성경을 보겠습니다.

> 이에 모세가 진 문에 서서 이르되 누구든지 여호와의 편에 있는 자는 내게로 나아오라 하매 레위 자손이 다 모여 그에게로 가는지라 모세

가 그들에게 이르되 이스라엘의 하나님 여호와께서 이렇게 말씀하시기를 너희는 각각 허리에 칼을 차고 진 이 문에서 저 문까지 왕래하며 각 사람이 그 형제를, 각 사람이 자기의 친구를, 각 사람이 자기의 이웃을 죽이라 하셨느니라 레위 자손이 모세의 말대로 행하매 이 날에 백성 중에 삼천 명 가량이 죽임을 당하니라 모세가 이르되 각 사람이 자기의 아들과 자기의 형제를 쳤으니 오늘 여호와께 헌신하게 되었느니라 그가 오늘 너희에게 복을 내리시리라(출 32:26-29).

시내 산에 올라갔던 모세가 40일 동안 내려오지 않자 산 아래 있던 이스라엘 백성은 애굽에서 우상을 숭배했던 습관을 버리지 못하고 금송아지 우상을 만들었습니다. 그러나 그때 레위 족속은 우상 숭배에 가담하지 않았습니다.

그 후 시내 산에서 내려온 모세가 분노하며 여호와의 편에 서서 우상 숭배자들을 처단할 사람이 있으면 나오라고 하자 레위 자손이 나왔습니다. 사실 우상 숭배하는 죄를 범했지만 동족이기에 주저할 수도 있는데 레위 자손은 하나님의 편에 서서 모세의 명을 따라 단호하게 우상 숭배로 범죄한 사람들을 죽였습니다.

또한 민수기 25장에도 그런 내용이 나옵니다. 요단 동편에서 이스라엘 백성이 '바알브올'이라는 우상을 섬기며 범죄할 때 레위 지파 비느하스가 우상 숭배자들을 처단함으로써 하나님의 공의를 지킵니다. 즉 레위 족속은 혈기가 넘치고 잔인한 성품을 가진 지파였지만 하나님이 그들의 혈기를 열정으로 사용하시고 그들의 잔인함을 거룩한 사명으로 바꾸신 것입니다.

하나님은 그분의 편에 선 레위 족속에게 대대로 하나님을 섬기는 사명자로 사는 축복을 주셨습니다. 이것을 통해 우리는 중요한 사실을 깨달아야 합니다. 결국 사명은 대단한 일이 아니라 그 어떤 상황에서도 하나님의 편에 서는 것이라는 점입니다.

하나님의 편에 선 레위는 반전의 삶을 살았습니다. 그들은 수많은 약점과 문제가 있었지만 하나님의 편에 섰기에 축복된 인생으로 다시 시작할 수 있었던 것입니다. 그래서 주님은 이렇게 말씀하십니다.

> 무릇 내게 오는 자가 자기 부모와 처자와 형제와 자매와 더욱이 자기 목숨까지 미워하지 아니하면 능히 내 제자가 되지 못하고 누구든지 자기 십자가를 지고 나를 따르지 않는 자도 능히 내 제자가 되지 못하리라(눅 14:26-27).

대부분 이 말씀을 읽으며 부담을 느끼는데 사실은 하나님의 편에 서는 것이 축복된 인생으로 다시 시작할 수 있는 하나님의 기회임을 알려 주는 구절입니다. 하나님의 편에 서는 것이 삶의 지혜요 인생에서 누릴 수 있는 가장 큰 축복인 것입니다. 그러므로 우리는 그 어떤 순간에도 하나님의 편에 서는 사람이 되어야 합니다. 그때 비로소 레위 지파처럼 반전의 축복을 누릴 수 있기 때문입니다.

어느 날 갑자기 레위 지파가 하나님을 섬기도록 선택받은 것이 아닙니다. 힘든 선택이었지만 우상 숭배 현장에서도 하나님의 편에 섰기에 받게 된 축복이었던 것입니다. 기억하십시오. 레위 지파처럼 저주가 축복으로 바뀌는 반전의 역사를 누리는 인생으로 다시 시작하려면 하나님의 편에 서는 믿음을 가져야 합니다. 이 믿음이 저주를 축복으로, 불행을 행복으로 바꿉니다.

큰 믿음은 배포나 배짱이 큰 상태를 의미하는 것이 아니라 하나님의 뜻을 알고 그분의 능력과 주권을 인정하며 하나님의 편에 서는 것입니다. 지금도 하나님은 그런 믿음의 사람을 찾고 계십니다. 그러나 안타깝게도 당당히 하나님의 편에 서는 자, 하나님의 마음을 알아주는 자, 하나님을 위하여 사는 자가 없어 슬퍼하십니다.

> 너희는 예루살렘 거리로 빨리 다니며 그 넓은 거리에서 찾아보고 알라 너희가 만일 정의를 행하며 진리를 구하는 자를 한 사람이라도 찾으면 내가 이 성읍을 용서하리라(렘 5:1).

하나님이 지금 여러분에게 말씀하십니다. "대체 누가 나를 위해 살며, 누가 내 편에서 일하겠느냐?" 그때 우리는 이사야처럼 이렇게 응답해야 합니다.

> 내가 또 주의 목소리를 들으니 주께서 이르시되 내가 누구를 보내며

> 누가 우리를 위하여 갈꼬 하시니 그 때에 내가 이르되 내가 여기 있나이다 나를 보내소서 하였더니(사 6:8).

"나를 쓰시겠다" 하실 때 온전히 자신을 드릴 수 있는 하나님의 사람이 되십시오. 그분의 편에 서는 사명자가 되면 축복된 인생을 시작할 수 있습니다. 그러므로 이제 주님 한 분만으로 만족하는 사명자가 되기 바랍니다.

하나님을 위해 사는 특권이다

본문을 묵상하다 보면 이상한 점을 발견하게 됩니다. 다른 지파는 20세 이상부터 계수하라고 했는데 레위 지파는 한 달 이상 된 아이부터 계수하라고 한 것입니다. 또한 앞서 전쟁에 나갈 군인의 수를 계수할 때도 열두 지파는 20세 이상만 계수하고 레위 지파는 3, 4장에 나오는 두 번의 계수 중 4장에서는 30-50세까지 실제 봉사할 사람을 계수했습니다.

그럼 3장에서는 왜 계수한 것입니까? 그것은 나이가 많든 적든, 역할이 크든 작든 레위 지파가 하나님 앞에 구별된 사람이고 그들의 삶 전부는 하나님의 것이라는 의미입니다. 그래서 전투 병력만 계수한 열두 지파와는 달리 레위 지파는 '종신직'으로 세워진 것입니다. 즉 레위 지파는 필요한 때만 섬기며 정해진 기간만 섬기는 의무 복무가 아니라 평생 사명이었던 것입니다.

이것은 하나님을 섬기는 우리에게도 적용되는 부분이 많습니다. 우리가 하나님을 섬기는 데 정해진 기간은 없으며 하나님을 섬기는 그 일은 종신직입니다. 주일만 섬기는 게 아니라 매일 섬겨야 하는 것입니다. 사실 오늘날 한국 교회의 심각한 문제점이 이것입니다. 많은 사람이 주일을 지키고 십일조만 하면 된다고 생각하는데 그것은 심각한 착각이고 오해입니다. 온 천하에 속한 모든 것이 하나님의 것이기에 우리는 언제나 무엇으로든 하나님을 섬겨야 하는 것입니다.

사명은 내가 가진 것의 일부를 드리는 일이 아닙니다. 내 삶, 내 존재, 내 시간, 내 열정, 내가 가진 전부를 걸고 하나님을 섬기는 것이 신앙이고 사명입니다. 우리가 하고 싶거나 가능할 때만 섬기는 것은 그저 취미 생활입니다. 사명이란 내가 하기 싫어도, 할 수 없어도 하는 것입니다. 그것이 진짜 사명이기 때문입니다. 그러나 억지로 하는 것이 아니라 하나님을 사랑해서 섬겨야 합니다. 즉 사명은 하나님에 대한 사랑에서 시작된 자발적인 의무인 것입니다.

여러분, 식사와 사료의 차이가 무엇일까요? 철학자 강신주 박사가 한 방송에서 이렇게 말했습니다 "한 끼를 해치워야 한다는 의무감으로 먹는 음식은 식사가 아니라 사료에 가깝습니다." 오늘날 많은 사람이 식사뿐 아니라 인간관계, 가정, 직장, 심지어 신앙생활도 의무감으로 합니다. 그래서 하나님을 섬기는 것도 부담이요 짐으로 느끼는 것입니다.

하지만 하나님을 섬기는 것은 해치워야 할 의무가 아니라 평생 지속해야 할 아름다운 삶입니다. 사명은 행복한 것입니다. 그러므로 우리는 하나님을 위해 살아가는 놀랍고 위대한 그 영적 특권을 누릴 수 있어야 합니다. 하나님을 섬기는 사명에 크고 작음의 구분은 없습니다. 어떤 일이든 하나님을 섬기는 것이면 모두 귀하고 아름다운 것입니다.

하나님은 성막에서 봉사하는 레위 족속을 크게 두 부류로 구분하셨습니다. 아론의 자손은 제사장으로, 일반 레위인은 각자 맡은 사명을 갖고 제사장을 돕는 역할을 하게 하신 것입니다. 그리고 3장을 보면 레위의 세 아들도 서로 역할이 다른 것을 볼 수 있습니다. 게르손 자손은 성막 서쪽에 진을 치고 성막 이동 시에 성막의 모든 휘장과 문장과 덮개를 운반했습니다. 또한 고핫 자손은 성막 남쪽에 진을 치고 성막 이동 시 성막의 모든 제사 기구를 운반했습니다. 마지막으로 므라리 자손은 성막 북쪽에 진을 치고 성막 널판과 기둥과 받침과 줄 등을 운반했습니다.

이렇게 그들의 역할은 달랐지만 그들이 받은 사명의 가치는 모두 같았습니다. 차이가 있다면 그저 하나님이 맡겨 주신 직임이 다를 뿐이었습니다.

> 각각 은사를 받은 대로 하나님의 여러 가지 은혜를 맡은 선한 청지기 같이 서로 봉사하라(벧전 4:10).

교회도 마찬가지입니다. 교회 안에서 귀하고 천한 일은 없습니다. 하나님은 교회에 속한 모든 사람이 각자 맡은 사명을 통해 영적 공동체인 교회를 함께 세우기를 원하십니다. 그분은 큰일을 행하는 자만 중요하게 생각하시는 것이 아니라 작은 일에 충성하는 사람을 귀하게 보신다는 것을 기억하기 바랍니다.

교회에도 보이지 않는 곳에서 섬기는 사람들이 많습니다. 그들은 화장실 청소로, 주차 안내로, 교사로, 식사 섬김으로 하기 힘들고 어려운 사역을 기쁨으로 감당하고 있습니다. 바로 그들 덕분에 우리가 편하게 예배드릴 수 있는 것입니다.

물론 사명으로 살아도 고민과 문제로 괴로울 때가 있습니다. 그러나 걱정이 우리를 더 나은 삶으로 인도하지 않습니다. 그때 우리는 합력하여 선을 이루시는 하나님의 섭리를 인정하고 큰 믿음으로 반응해야 합니다. 걱정과 염려를 안 하고 살 수는 없지만 걱정과 염려의 대상을 바꿀 수는 있습니다. '무엇을 먹을까, 무엇을 입을까?'와 같이 나를 위해 염려하는 것이 아니라 거룩한 사명을 이루기 위해 염려하는 것이 바로 그 답입니다.

하나님을 섬기는 사명자로 살아가는 데 지치지 마십시오. 부끄러운 구원자가 아니라 거룩한 사명자가 되십시오. 그런 삶을 소망하며 실천한 바울은 이렇게 고백했습니다.

내가 달려갈 길과 주 예수께 받은 사명 곧 하나님의 은혜의 복음을 증언하는 일을 마치려 함에는 나의 생명조차 조금도 귀한 것으로 여기지 아니하노라(행 20:24).

하나님은 우리를 영적 제사장으로 부르셨습니다. 레위 자손처럼 하나님을 섬기라고 거룩하게 구별해 우리를 부르신 것입니다. 그리고 그것이 이유 없는 사랑으로 우리를 사랑하신 이유입니다. 말씀에서도 그 부분을 확증해 주십니다.

> 그러나 너희는 택하신 족속이요 왕 같은 제사장들이요 거룩한 나라요 그의 소유가 된 백성이니 이는 너희를 어두운 데서 불러내어 그의 기이한 빛에 들어가게 하신 이의 아름다운 덕을 선포하게 하려 하심이라(벧전 2:9).

언제나 하나님이 택하신 왕 같은 제사장임을 의식하고 이 땅에 단 한 사람이라도 그분을 알 수 있도록 희망의 증거자, 복음의 통로로 쓰임을 받는 여러분이 되기 바랍니다.

그런데 왜 "왕 같은 제사장"이라고 표현했을까요? 왕은 한 나라를 바꿀 수 있는 존재이기 때문입니다. 바로 우리가 가정과 교회와 민족을 바꿀 수 있는 사람들로 하나님께 굉장한 특권을 받은 자라는 의미입니다.

지금 우리는 여러 가지 문제 때문에 앞이 보이지 않는 광야에 살고 있습니다. 그때 광야에 살 수 있는 방법은 물을 내시고 우리를 인도하시는 하나님만 따르는 것입니다.

다윗은 당시에 하나님의 뜻을 따라 섬기다가 잠들어 그 조상들과 함께 묻혀 썩음을 당하였으되(행 13:36).

다윗은 바람같이 헛된 것을 따르느라 시간을 허비하지 않았습니다. 하나님을 위해 살았고 인생의 가장 중요한 목적을 위해 살다가 잠들었습니다. 바로 그것이 우리의 모습이 되어야 합니다.

여러분은 사명자로 부르시는 하나님께 어떻게 반응하겠습니까? 언제나 하나님의 편에 서서 그분을 위해 사는 성도가 되십시오. 그때 광야에 꽃이 피듯이 메마른 인생에 놀랍고 아름다운 하나님의 역사가 이루어질 것입니다.

민 6:24

여호와는 네게 복을 주시고

너를 지키시기를 원하며

축복

하늘의 성공을 따라가는 힘

/ 민 6:22-27

언제나 사람들이 모인 자리에는 정치나 정부에 대한 이야기가 넘쳐납니다. 그만큼 정부에 대한 국민의 관심과 기대가 크다는 것입니다. 그러나 정부는 국민의 삶이 나아지도록 도울 뿐, 전적인 책임을 지지는 못합니다. 비단 정부만이 아닙니다. 부모도 자녀들을 온전히 책임지지 못하고 목사도 성도를 모두 만족시킬 수 없습니다.

사실 목회를 하면서 작은 부분까지 성도들의 필요를 채우려고 노력하지만 다양한 구성원이 모인 교회에서 그것은 결코 쉬운 일이 아닙니다. 따라서 교회에서 혹시 마음에 들지 않는 부분이 있다면 그 부분을 여러분의 사명이라고 생각하고 섬기기 바랍니다. 신앙생활은 의무감으로 해치워야 할 업무가 아니라 함께 만들어 가는 삶이기 때문입니다.

심리학에서 만족도는 분모인 기대와 분자인 현실에 의해 만들어진다고 합니다. 그런데 만족도를 높이기 위해 무작정 기대를 낮추거나 하루아침에 현실을 개선할 수는 없습니다.

노예 생활을 하던 이스라엘 백성은 애굽을 떠나 하나님이 말씀하신 가나안 땅을 향해 나아가며 큰 기대를 가지고 있었습니다. 하지만 그들의 기대와 달리 현실은 녹록치 않았습니다. 광야 생활을 40년 동안이나 했기에 하나님을 원망했고 모세를 비롯한 지도자에게도 원망이 나올 수밖에 없을 만큼 괴롭고 힘겨운 상황이었습니다.

그러나 그들은 삶의 터전이 척박하고 곤고하고 비참했지만 하나님의 말씀을 따르며 극복할 수 있었고 이길 수 있었습니다. 그래서 하나님은 이스라엘 백성에게 그들을 지켜 주시며 은혜를 주고 평강을 누리는 복을 주겠다고 말씀하신 것입니다.

사실 살기 어려울수록 더욱 필요한 것은 '확신'입니다. 그래서 회복에 대한 확신, 잘될 거라는 확신, 반전될 거라는 그 확신이 광야에 있던 이스라엘 백성에게 절실하게 필요했던 것입니다. 하나님은 이집트에서 약속의 땅까지 물리적으로 멀지 않은 거리인데도 이스라엘 백성을 계속 광야에 머물게 하셨습니다. 그런데 계속해서 광야에 떠돌다 보면 마음이 가라앉고 힘들어집니다. 정말 약속의 땅에 들어갈 수는 있는지 의심마저 생기는 것입니다.

우리도 마찬가지입니다. 광야 같은 인생을 살다 보면 '언제쯤 내 인생은 광야를 벗어날 수 있을까', '언제쯤 인생의 봄을 맞이할 수 있을까' 하고 낙심이 됩니다. 일어서고 싶지만 다시 시작하는 것이 아니라 그냥 포기하게 되는 것입니다. 그러나 우리는 사명자입니다. 하나님이 주신 생명을 지키고 그분이 부여하신 가정과 교회와 비전에 대한 사명을 위해 다시 시작해야 합니다. 하나님은 그 결과가 축복이라고 분명하게 강조하셨습니다.

한편 본문 바로 이전에는 '구별된 자'를 뜻하는 나실인에 대한 내용이 나옵니다. 그리고 본문 24-26절에서 하나님은 택하신 그들을 축복하십니다. 그러므로 하나님의 자녀로 구별된 우리도 그분이 주신 축복의 약속을 믿고 다시 시작해야 합니다. 그렇다면 우리를 다시 시작하게 하는 그 축복은 구체적으로 무엇입니까?

운명을 바꾸는 선물이다

첫 번째, 하나님이 우리에게 주시는 축복은 우리의 운명을 바꾸는 복입니다. 애굽에서 살던 이스라엘 백성은 애굽 사람들의 노예로 살다가 비참하게 죽을 운명이었습니다. 그런데 하나님이 죽겠다며 힘들다고 부르짖는 이스라엘 백성의 부르짖음을 듣고 아브라함에게 하신 약속을 기억하시어 그들을 출애굽시켜 그들의 운명을 바꾸어 주셨습니다.

> 하나님이 그들의 고통 소리를 들으시고 하나님이 아브라함과 이삭과 야곱에게 세운 그의 언약을 기억하사 하나님이 이스라엘 자손을 돌보셨고 하나님이 그들을 기억하셨더라(출 2:24-25).

우리도 마찬가지입니다. 하나님은 죄로 영원히 죽을 수밖에 없는 우리를 구원해 주셔서 죽어도 죽지 않고 영원히 사는 영생의 복을 누리게 하셨습니다. 죽음의 강을 넘어 생명의 땅, 하나님 나라로 들어가게 하신 것입니다.

그리고 하나님은 예수님을 구주로 믿는 모든 사람에게 하나님의 자녀가 되는 권세를 주셨습니다. 그것은 우리의 운명을 바꾼 선물입니다. 우리가 예수를 믿어 누리는 복은 단지 우리가 필요한 것과 원하는 것을 얻는 기복적이고 현실적인 복이 아니라 전 존재가 바뀌는 복입니다.

우리는 하나님이 세상을 사랑하셔서 보내 주신 예수님 때문에 운명을 바꾸는 축복을 누리게 되었습니다. 그런데 예수님을 믿는 것은 단지 교회에 다니는 것을 의미하는 것이 아닙니다. 예수님을 만나면 자신이 세상에 존재하는 이유와 존재 목적을 깨닫게 됩니다. 그래서 세상을 비관하고 증오하던 사람도 진정한 삶의 목적을 깨닫고 새로운 인생을 걷게 되는 것입니다.

그러므로 우리는 운명을 바꾸는 복을 주시는 하나님을 분명하게 믿으며 살아야 합니다. 하나님이 돌보시면 죽음의 장소가 생명의 현장이 되고 한숨만 쉬던 인생이 기쁘게 웃는 인생으로 바뀔 수 있습니다. 이전과 전혀 다른 삶이 펼쳐지는 것입니다. 그래서 사도 바울은 이렇게 고백했습니다.

> 찬송하리로다 하나님 곧 우리 주 예수 그리스도의 아버지께서 그리스도 안에서 하늘에 속한 모든 신령한 복을 우리에게 주시되(엡 1:3).

하나님이 주시는 복은 운명을 바꾸는 선물이요, 세상에서 잠시 누리는 복이 아니라 하늘에서 영원히 누리는 복입니다. 바울의 삶은 인간적 기준으로 보면 이해가 되지 않습니다. 그는 평생 복음을 위해 살고 주를 위해 헌신했는데, 인생의 마지막은 지하 감옥에서 고통당하다가 비참한 모습으로 죽었습니다. 바울 스스로도 '인간적으로는 실패한 인생이 아닌가?' 하며 그의 사명을 의심할 만한 상황입니다. 그러나 그는 오직 운명을 바꾸는 선물에 집중했습니다.

> 모든 일을 그의 뜻의 결정대로 일하시는 이의 계획을 따라 우리가 예정을 입어 그 안에서 기업이 되었으니…이는 우리 기업의 보증이 되사…성도 안에서 그 기업의 영광의 풍성함이 무엇이며(엡 1:11, 14, 18)

"기업"은 '하나님 안에서 누릴 모든 영광'을 뜻합니다. 그렇다면 왜 우리가 이런 엄청난 복을 누리게 된 것입니까? 바로 우리가 하나님의 상속자이기 때문입니다. 말씀에도 그 사실이 분명하게 드러나 있습니다.

> 자녀이면 또한 상속자 곧 하나님의 상속자요 그리스도와 함께 한 상속자니 우리가 그와 함께 영광을 받기 위하여 고난도 함께 받아야 할 것이니라(롬 8:17).

여러분, 그 어떤 힘든 상황이라도 하나님이 우리를 사랑하셔서 우리에게 복을 주시고 우리를 지키기 원하신다는 사실을 잊지 마십시오. 그리고 시시한 복에 연연하지 말고 운명을 바꾸는 복을 기대하며 살아가기 바랍니다.

우리는 가끔 환경에 억눌려 하나님을 오해합니다. '정말 하나님이 내 기도를 듣고 계신가?', '대체 응답은 왜 이렇게 오래 걸리는가?', '혹시 하나님이 나를 잊으신 것은 아닌가?' 하고 생각할 때도 많습니다. 아마 광야 생활을 하던 이스라엘 백성의 마음도 같았을 것입니다. 그러나 확신은 사라지고 마음에 의심이 가득해질 때 하나님은 말씀하십니다. "내 본심은 너희에게 복을 주고 복을 누리게 하는 것이다."

> 여호와의 말씀이니라 너희를 향한 나의 생각을 내가 아나니 평안이요 재앙이 아니니라 너희에게 미래와 희망을 주는 것이니라 너희가

내게 부르짖으며 내게 와서 기도하면 내가 너희들의 기도를 들을 것이요 너희가 온 마음으로 나를 구하면 나를 찾을 것이요 나를 만나리라(렘 29:11-13).

우리를 향한 하나님의 계획은 평안이요 미래요 희망입니다. 우리가 홀로 있는 것 같은 그 순간에도 하나님은 우리를 고아처럼 버려두지 않고 품에 안고 계십니다. 그러므로 흔들리지 말고 믿음으로 굳게 서 있으십시오. 물론 믿음이 있어도 두려움을 완전히 떨칠 수는 없지만 그럼에도 반드시 합력하여 선을 이루시는 하나님이 가장 좋은 것을 확정하셨음을 믿고 염려하지 말기 바랍니다.

잠시 있다 없어질 이 땅의 행복에 목숨 걸지 말고 영원하지 않은 세상의 성공 때문에 영원한 하나님의 복을 잃지 마십시오. 우리는 운명을 바꾸는 선물, 하나님의 자녀가 되는 복을 받은 사람들입니다. 그러므로 이제 세상에 눈 돌리지 말고 우리를 사랑하셔서 우리와 가정의 운명을 바꾸시는 주님만 바라보기 바랍니다.

인생을 바꾸는 능력이다

두 번째, 하나님의 축복은 우리의 인생을 바꾸는 능력입니다. 하나님은 내가 할 수 없는 것을 하게 하시고 내가 볼 수 없는 것을 보게 하셔서 우리의 인생을 바꾸십니다. 하나님이 손대시면 우리의 인생에 놀라운 반전이 시작되는 것입니다. 즉 하나님이 함께하시면 위대한 기적이 나타납니다. 하나님의 축복이 우리 인생을 바꾸는 능력이기 때문입니다.

하나님은 그럼에도 믿지 않고 의심하는 이스라엘 백성에게 그분의 이름과 명예를 걸고 약속해 주셨습니다. 그러므로 우리는 힘들고 어려운 상황에도 낙심하지 않고 우리를 사랑하시는 하나님을 믿으며 나아갈 수 있습니다.

> 아므람의 아들들은 아론과 모세이니 아론은 그 자손들과 함께 구별되어 몸을 성결하게 하여 영원토록 심히 거룩한 자가 되어 여호와 앞에 분향하고 섬기며 영원토록 그 이름으로 축복하게 되었느니라(대상 23:13).

예수님도 동일하게 그분의 이름을 걸고 우리에게 축복을 약속해 주셨습니다.

> 너희가 내 이름으로 무엇을 구하든지 내가 행하리니 이는 아버지로 하여금 아들로 말미암아 영광을 받으시게 하려 함이라(요 14:13).

하나님의 축복은 인생을 바꾸는 능력입니다. 우리와 함께하시는 예수님 때문에 모든 것이 가능하기 때문입니다. 말씀으로 확증해 주셨듯이 무엇이든지 예수님의 이름으로 구하면 다 이루어 주실 것입니다. 또한 우리가 누리는 축복은 '주변 환경'이 아니라 누구와 함께 있는지가 중요한 '관계'로 결정됩니다. 따라서 우리는 날마다 하나님과 깊은 교제를 나눠야 합니다. 시편 기자는 이렇게 고백했습니다.

> 여호와께서 자기 백성에게 힘을 주심이여 여호와께서 자기 백성에게 평강의 복을 주시리로다(시 29:11).

하나님이 우리를 지키시고 우리에게 힘과 은혜를 주시며 더불어 평강의 복을 주십니다. 하나님의 복은 우리의 인생을 바꾸는 능력으로 우리를 생명과 형통의 길로 인도해 줍니다. 그러나 나 혼자 이 좋은 소식을 누려서는 안 됩니다. 하나님은 이 엄청난 복을 나 혼자 누리라고 주신 것이 아닙니다. 아브라함을 통해 민족을 이루신 진짜 목적이 있었던 것입니다.

> 네 자손을 하늘의 별과 같이 번성하게 하며 이 모든 땅을 네 자손에게 주리니 네 자손으로 말미암아 천하 만민이 복을 받으리라(창 26:4).

우리는 '축복의 유통업자', '형통의 유통업자', '사랑의 유통업자'로 살아야 합니다. 고여서 썩은 물이 아니라 생명을 품고 흐르는 강이 되어야 하는 것입니다. 이제 살아 있는 복음의 통로로 세상에 하나님의 사랑과 축복을 전하는 여러분이 되기를 소망합니다. 또한 더욱 나누고 베풀며 섬기십시오. 하나님은 더 받은 자에게 더 많이 요구하시기 때문입니다.

앞서 설명한 대로 나실인은 거룩하게 구별된 사람을 뜻하고 그런 의미에서 그리스도인은 영적인 나실인입니다. 그러므로 우리는 영적 나실인, 영적 제사장답게 하나님을 섬기는 사명자로 최선을 다해야 합니다. 날마다 하나님의 자녀답게 거룩하게 살아야 하는 것입니다.

또한 우리는 왕 같은 제사장으로 가정과 교회와 세상을 바꿀 수 있는 특권을 가진 자입니다. 여기서 '제사장'은 라틴어로 '폰티펙스', '다리를 놓는 사람'이라는 뜻입니다. 즉 우리는 힘들고 지친 사람들에게 축복의 다리, 사랑의 다리, 희망의 다리가 되어야합니다. 하나님이 우리에게 우리의 운명뿐만 아니라 다른 사람의 인생을 바꿀 수 있는 축복을 주셨기 때문입니다.

하나님의 복은 우리의 운명을 바꾸는 선물이요 우리의 인생을 바꾸는 능력임을 기억하십시오. 우리가 받은 그 놀라운 하나님의 복을 누리며 다시 시작하는 여러분이 되기 바랍니다.

예수를 믿어 누리는 복은
단지 우리가 필요한 것과
원하는 것을 얻는
기복적이고 현실적인 복이 아니라
전 존재가 바뀌는 복입니다.

민 13:30

갈렙이 모세 앞에서
백성을 조용하게 하고 이르되
우리가 곧 올라가서 그 땅을 취하자
능히 이기리라 하나

소망

무너진 자리에서 일어서는 힘

/ 민 13:25-33

많은 사람이 하나님께 왜 기회를 주시지 않느냐고 불평합니다. 하지만 하나님이 우리에게 많은 기회를 주셔도 정작 우리가 준비가 안 된 상태일 때가 많습니다. 준비가 부족한 탓입니다. 이스라엘도 그랬습니다. 하나님은 이스라엘 백성에게 약속의 땅으로 들어갈 수 있는 기회를 주셨지만 그들이 준비되지 않아 그들 스스로 하나님이 주신 기회를 놓쳤습니다.

본문에는 이스라엘 백성이 일주일이면 들어갈 수 있는 가나안 땅을 들어가지 못하고 40년 동안이나 방랑하게 된 결정적 사건이 나옵니다. 모세는 각 지파 대표자들에게 가나안 땅을 정탐

시켰고 그들은 가나안 땅을 면밀하게 들여다보았습니다. 그들은 가데스 바네아에서 르홉 성까지 다녔는데 약 160km로 장정이 일주일이면 갈 수 있는 거리였습니다. 그런데 40일이나 걸렸다는 것은 그들이 충분한 시간을 갖고 가나안 땅을 속속들이 알아보고 살폈다는 의미입니다.

그들은 가나안 지역의 온 땅을 살피고 "당신이 우리를 보낸 땅에 간즉 과연 그 땅에 젖과 꿀이 흐르는데 이것은 그 땅의 과일이니이다"(27절)라고 결론을 내렸습니다. 그러면 상식적으로 다음 구절에는 "자, 빨리 가서 그 아름다운 땅을 취합시다"라고 나올 거라고 예상합니다. 그런데 열 명의 정탐꾼은 전혀 예상하지 못한 말을 했습니다.

> 그러나 그 땅 거주민은 강하고 성읍은 견고하고 심히 클 뿐 아니라 거기서 아낙 자손을 보았으며 아말렉인은 남방 땅에 거주하고 헷인과 여부스인과 아모리인은 산지에 거주하고 가나안인은 해변과 요단 가에 거주하더이다(28-29절).

그러면서 이렇게 부정적인 결론을 내립니다.

> 이스라엘 자손 앞에서 그 정탐한 땅을 악평하여 이르되 우리가 두루 다니며 정탐한 땅은 그 거주민을 삼키는 땅이요 거기서 본 모든 백성은 신장이 장대한 자들이며 거기서 네피림 후손인 아낙 자손의 거인

들을 보았나니 우리는 스스로 보기에도 메뚜기 같으니 그들이 보기 에도 그와 같았을 것이니라(32-33절).

물론 가나안 땅의 상황은 정말 답답하지만 그렇게 새로운 사실도 아닙니다. 하나님은 이스라엘 백성에게 출애굽하기 전에 이미 그 땅에 여러 민족이 있을 거라고 말씀하셨습니다. 준비된 싸움이고 예견된 승리였던 것입니다.

내가 내려가서 그들을 애굽인의 손에서 건져내고 그들을 그 땅에서 인도하여 아름답고 광대한 땅, 젖과 꿀이 흐르는 땅 곧 가나안 족속, 헷 족속, 아모리 족속, 브리스 족속, 히위 족속, 여부스 족속의 지방에 데려가려 하노라(출 3:8).

그럼에도 이스라엘 백성은 좌절하고 낙심했습니다. 약속의 땅에 대한 소망을 잃어버리고 출애굽한 것을 후회했습니다. 그들처럼 오늘날 사람들이 낙심하는 근본적인 이유는 소망을 잃었기 때문입니다. 다시 시작하려면 소망을 잃지 말아야 합니다. 소망이 죽은 인생을 살아나게 하고 무너진 믿음을 다시 세웁니다. 기억하십시오. 소망이 다시 시작하는 힘입니다.

그렇다면 우리의 삶이 최악인데도 소망을 가져야 하는 이유는 무엇입니까?

능력의 하나님이 함께하신다

첫 번째, 능력의 하나님이 우리와 함께하시기 때문입니다. 여호수아와 갈렙은 이제 우리는 다 끝장이라고 절망하며 주장한 열 명과 달리 능히 그 땅을 취할 수 있다고 소망을 선포했습니다. 다 같은 하나님의 백성이지만 반응이 이렇게 다른 것입니다. 그렇다면 함께 홍해를 건넜고 수많은 기적을 경험하고 같은 땅을 봤는데 결론이 다른 이유는 무엇입니까?

그것은 바로 가나안 땅 정탐을 허락한 모세의 생각과 정탐하자고 주장한 백성의 생각이 시작부터 달랐기 때문입니다. 모세가 가나안 땅을 정탐하자는 백성의 의견을 좋게 여기고 정탐꾼을 보낸 것은 그 땅이나 그 땅에 있는 거민에 대한 전술적 정보를 얻으려는 것이 아닙니다. 모세는 하나님이 약속하신 땅이 얼마나 아름다운지 살펴보고 그 땅이 정말 축복과 약속의 땅임을 백성에게 전해서 기대와 소망을 주려는 것이었습니다. 그래서 마침내 모두 마음을 합쳐서 하나님을 믿고 가나안 땅으로 힘차게 진군하려던 것입니다. 하지만 백성이 그 땅을 정탐한 이유는 모세와 달랐습니다. 전술적인 목적 때문이었습니다.

> 너희가 다 내 앞으로 나아와 말하기를 우리가 사람을 우리보다 먼저 보내어 우리를 위하여 그 땅을 정탐하고 어느 길로 올라가야 할 것과 어느 성읍으로 들어가야 할 것을 우리에게 알리게 하자 하기에(신 1:22).

바로 여기에 문제가 있습니다. 모세는 그때까지 이스라엘 백성을 인도하신 것은 전적으로 하나님이 하신 일이고 가나안 땅 정복도 능력의 하나님이 하실 일이라고 믿었습니다. 그래서 가나안 정복 전쟁은 하나님이 하시는 싸움으로 사람의 전술이나 전략보다는 하나님을 의지하는 것이 중요했던 것입니다.

그러나 백성은 그들의 능력으로 하는 싸움이라고 착각했습니다. 그래서 가나안 땅 거민들을 보고 가나안 땅에 들어갈 모든 소망을 잃어버린 채 낙담한 것입니다. 사실 우리는 그 열 명의 정탐꾼을 욕할 수 없습니다. 그것이 바로 우리의 모습이기 때문입니다.

오늘날 많은 성도가 자신을 인도하시고 축복하시는 하나님을 바라보기보다는 현재 자신의 수준과 내가 처한 환경에 주목하며 낙심합니다. 계속해서 자신의 능력과 지혜로 살아온 것처럼 착각하는 것입니다. 그러나 분명히 알아야 합니다. 그 모든 것은 우리를 사랑하신 하나님이 우리를 위해 하신 것이며 이후로도 능력의 하나님이 우리를 위해 하실 것입니다.

> 그런즉 이 일에 대하여 우리가 무슨 말 하리요 만일 하나님이 우리를 위하시면 누가 우리를 대적하리요(롬 8:31).

그래서 여호수아와 갈렙은 능력의 하나님이 우리를 위하시니 능히 그 땅을 취하고 이길 수 있다고 소망을 선포했습니다. 그들처럼 우리도 우리를 위해 일하시는 하나님을 주목해야 합니다.

그때 우리의 약함은 문제가 되지 않습니다. 하나님은 우리의 능력이 아닌 그분의 능력으로 일하시기 때문입니다.

본문 30절에 나오는 갈렙의 "그 땅을 취하자"라는 표현은 가나안 땅뿐 아니라 하나님의 약속을 취하자는 말입니다. 그리고 그 주장은 '하나님의 일하심'을 전제로 하는 것으로 하나님이 하시니 이길 수 있음을 의미합니다. 또한 갈렙의 "능히 이기리라"는 주장은 현실에 대한 냉정한 분석이 아니라 하나님에 대한 믿음에서 나온 것입니다.

우리는 나의 약함이 아니라 하나님의 강함을 믿어야 합니다. 갈렙은 가나안 정복이 하나님이 계획하시고 시작하신 전쟁이기에 반드시 이길 것을 알고 있었습니다. 우리에게 바로 그 믿음이 필요합니다. 그때 비로소 소망을 품을 수 있기 때문입니다.

하지만 많은 사람이 믿음이 없던 열 명의 정탐꾼처럼 생각합니다. 본문 31절에는 그들의 믿음 없음이 여실히 드러납니다. 그들은 가나안 백성이 자기보다 강하지만 하나님보다 약하다는 것을 알지 못했습니다. 내가 약한 것만 생각했지, 하나님이 강하신 것을 깨닫지 못했던 것입니다.

올바른 믿음을 가지고 소망이신 하나님을 붙드십시오. 능력의 하나님이 약한 나를 강하게 하시며 상상 그 이상의 엄청난 축복으로 예비하실 것입니다.

믿음의 사람이 이긴다

두 번째, 믿음의 사람이 이기는 것이 확실하므로 우리는 최악의 상황에서도 소망을 가질 수 있습니다. 갈렙은 "우리가 곧 올라가서 그 땅을 취하자 능히 이기리라"고 자신 있게 말했습니다. 그 말은 굉장한 믿음의 선포로 그 안에 강한 사람이 아니라 믿음의 사람이 이긴다는 확신이 담겨 있습니다. 하나님은 소수라도 그런 믿음의 사람을 통해 일하십니다.

본문을 묵상하다가 안타까운 점을 발견했습니다. 가나안 땅을 정탐한 열 명의 정탐꾼 이름이 모두 굉장한 뜻을 지니고 있다는 것입니다. 잇사갈의 이갈은 '하나님이 구속하다', 베냐민의 발디는 '하나님은 나의 피난처', 갓디엘과 갓디는 '하나님은 나의 행운', 스둘은 '하나님의 보호', 그우엘은 '하나님의 왕권' 등으로 모두 하나님이 주체인 이름입니다. 그런데 그들의 믿음은 이름처럼 멋지지 않았습니다. 하나님의 약속을 듣고도 믿지 못하고 그분의 살아 계심을 보고도 믿지 못한 채 소망 없는 자처럼 행동했습니다.

소망은 '하나님의 약속을 확신하는 믿음의 사람이 받는 선물'로 믿음의 사람이 승리한다는 확신에서 시작됩니다. 그러므로 믿음이 없는 다수를 따르지 말고 믿음의 사람을 이기게 하시는 하나님의 계획과 말씀을 따르기 바랍니다.

배설이 약속의 땅에 들어가지 못한 이유는 그들의 불신앙 때문입니다. 그들은 하나님의 약속보다 열 명의 정탐꾼이 말한 부정적인 평가를 받아들이고 이렇게 원망했습니다.

> 이스라엘 자손에게 명령하여 돌이켜 바다와 믹돌 사이의 비하히롯 앞 곧 바알스본 맞은편 바닷가에 장막을 치게 하라 바로가 이스라엘 자손에 대하여 말하기를 그들이 그 땅에서 멀리 떠나 광야에 갇힌 바 되었다 하리라(출 14:2-3).

하나님은 젖과 꿀이 흐르는 축복의 땅으로 인도하시는데, 그 백성은 하나님이 자신을 죽음의 땅으로 인도하신다고 난리를 칩니다. 그분의 역사가 드러난 많은 기적을 경험하고도 하나님을 원망하고 있는 것입니다. 하지만 하나님은 이스라엘 백성을 죽이려는 것이 아니라 그들을 선택하셔서 가나안 땅을 유업으로 삼게 하려고 출애굽시키셨습니다.

그러나 그 사실을 믿지 않고 하나님을 원망하기만 한 이스라엘 백성은 결국 약속의 땅에 들어가지 못했습니다. 하나님 약속을 믿은 갈렙만 믿음대로 가나안 땅을 유업으로 받았습니다.

> 헤브론이 그니스 사람 여분네의 아들 갈렙의 기업이 되어 오늘까지 이르렀으니 이는 그가 이스라엘의 하나님 여호와를 온전히 좇았음이라(수 14:14).

여러분도 갈렙처럼 이기는 믿음의 소유자가 되기 바랍니다. 갈렙 같은 믿음의 사람만 하나님이 예비하신 축복을 누릴 수 있습니다. 갈렙은 땅을 얻을 때까지 무려 45년을 기다리며 충성했습니다. 하나님이 반드시 주실 것이라는 확신이 있었기 때문입니다. 그리고 믿음의 사람 갈렙은 소망을 현실로 이루었습니다.

하나님은 약속하고 준비하신 것을 반드시 이루시는 분입니다. 그것을 기억하고 하나님이 역사를 이루실 그날까지 소망을 놓지 않는 믿음의 사람이 되기 바랍니다. 사람과 환경이 여러분을 배신하고 낙담시켜도 하나님은 절대로 여러분을 실망시키지 않으십니다.

맥스 루케이노가 쓴 《소망 있는 기다림》(좋은씨앗, 2006)이라는 책에는 아르메니아에서 일어난 지진에 대한 이야기가 나옵니다. 1988년 단 4분 동안 일어난 지진은 9만 명의 사상자를 낸 최악의 재앙이었습니다. '스피타크'라는 도시에서는 인구 2만 명 중 80%가 사망했습니다. 당시 진동이 멈추자마자 한 아버지가 아들을 구하기 위해 학교로 달려갔지만 이미 학교는 무너진 상태였습니다. 믿을 수 없는 현실에 주저앉아 울던 아버지는 문득 아들과 했던 약속이 생각났습니다. "무슨 일이 있더라도 내가 꼭 함께하마!"

갑자기 정신이 번쩍 든 아버지는 아들이 있던 교실 쪽으로 가면서 무너진 돌을 치우기 시작했습니다. 그제야 경찰과 소방관이 도착했지만 폐허가 된 학교는 손댈 수 없을 만큼 처참했습니다. 경찰은 맨손으로 돌을 치우는 아버지를 말리고 옆에서 울부짖던 다른 부모들도 그를 위로하기 시작했습니다. 그러나 아버지는 포기하지 않았습니다. 8시간, 16시간, 32시간, 36시간…. 그는 쉬지 않고 파고 또 파냈습니다. 손에 피가 흐르고 기운은 빠졌지만 그럼에도 멈추지 않았습니다.

그렇게 38시간이 지났을 때, 벽돌 하나를 치우자 마침내 아들의 목소리가 들렸습니다. 아버지가 "아르만! 아르만!" 하고 외치자 거기에 응답하는 목소리가 가냘프게 들렸습니다. "아빠, 저예요." 그리고 아들은 이어서 이렇게 말했습니다. "친구들에게 걱정하지 말라고 했어요. 살아 있으면 아빠가 나를 구해 줄 거고 그렇게 되면 다른 친구들도 함께 나갈 수 있을 거라고요. 아빠가 무슨 일이 있어도 함께하겠다고 약속했잖아요!"

여러분, 너무나 힘든 상황 속에서도 소망으로 다시 시작하십시오. 독생자도 아끼지 않고 주신 아버지 하나님이 지금도 우리를 위해 일하고 계시기 때문입니다. 그리고 그분은 반드시 믿음의 사람이 이기게 하실 것입니다.

소망은
'하나님의 약속을 확신하는
믿음의 사람이 받는 선물'로
믿음의 사람이 승리한다는
확신에서 시작됩니다.

그러므로
믿음이 없는 다수를 따르지 말고
믿음의 사람을 이기게 하시는
하나님의 계획과
말씀을 따르기 바랍니다.

민 15:3

여호와께 화제나 번제나

서원을 갚는 제사나

낙헌제나 정한 절기제에

소나 양을 여호와께 향기롭게 드릴 때에

예배

축복의 자리로 나아가는 힘

/ 민 15:1-10, 17-21

이 시대를 살아가는 많은 사람이 먹고살기 힘들다고 합니다. 농업, 어업, 축산업 등 1차 산업에 종사하는 사람이나 직장 생활을 하는 사람이나 개인 사업을 하는 사람 모두 경제적으로 힘들다고 말합니다. 그래서 별다른 소망이 없이 절망하며 살아가는 사람도 참 많습니다.

본문에 나오는 이스라엘도 이런 상태였습니다. 가나안 정탐 사건 이후 그들은 그토록 기다리던 약속의 땅, 젖과 꿀이 흐르던 가나안을 코앞에 두고 광야로 다시 돌아가야 했습니다. 가나안 땅을 보지 못했으면 괜찮을 텐데 그 땅이 얼마나 좋은지 알고도

들어가지 못하는 상황은 더 절망적이었습니다.

이 모든 것이 믿음 없는 이스라엘 백성의 어리석은 반응 때문에 일어난 일이었습니다. 이렇게 무겁고 절망적인 상황 속에서 민수기 15장이 시작됩니다. 그런데 분위기와 어울리지 않게 15장의 주제는 '예배'입니다. 그렇다면 대체 왜 하나님은 이렇게 갑작스런 타이밍에 예배를 강조하시는 것일까요? 본문의 마지막 두 구절을 보면 그 이유를 알 수 있습니다.

> 그리하여 너희가 내 모든 계명을 기억하고 행하면 너희의 하나님 앞에 거룩하리라 나는 여호와 너희 하나님이라 나는 너희의 하나님이 되려고 너희를 애굽 땅에서 인도해 내었느니라 나는 여호와 너희의 하나님이니라(민 15:40-41).

하나님은 예배를 통해 이스라엘을 다시 거룩하게 만드시고 '나의 하나님과 나의 백성'의 관계로 회복하십니다. 망한 자가 다시 일어서는 힘, 절망에 빠진 자가 다시 소망으로 회복되는 힘, 하나님의 진노에서 다시 은혜를 입게 만드는 힘이 바로 '예배'임을 가르쳐 주시는 것입니다.

본문을 묵상하다 보면 예배가 하나님을 위한 것이지만 사실은 우리를 위한 하나님의 지극한 사랑과 배려임을 깨닫게 됩니다. 우리는 예배를 통해 다시 시작할 수 있는 힘을 얻는 것입니다. 그런데 대부분 예배를 하나님을 위한 것이라고만 생각합니다. 그래서 바쁘고 힘들 때는 부담으로 느끼는 경우가 많고 때로는 영적인 짐이나 종교적인 의무로 여기기도 합니다. 심지어 믿음이 없는 사람은 스스로 하나님을 위한 영적 들러리라고 생각해 예배에 대해 냉소적인 마음을 갖기도 합니다. 그러나 이것은 완전히 잘못된 생각입니다.

우리는 예배에 대한 올바른 시각을 가져야 합니다. 예배는 하나님을 위한 일방적인 의무가 아니라 죄로 인해 망가진 우리를 하나님 앞에 다시 불러 그분이 약속하신 축복을 누리도록 예비하신 축복의 자리입니다. 우리가 신령과 진정으로 예배하려면 이런 하나님의 마음을 알아야 합니다. 예배는 우리가 다시 시작할 수 있도록 하나님이 우리에게 주신 놀라운 영적 기회인 것입니다.

분명히 기억하십시오. 예배는 그리스도인이 실패를 넘어 다시 성공하는 비결입니다. 예배는 그리스도인이 절망에서 다시 일어서는 방법입니다. 예배는 그리스도인이 상처를 치유받는 능력입니다. 그렇다면 예배란 무엇이며 예배의 유익은 무엇일까요?

다시 회복하심에 대한 하나님의 약속이다

이스라엘 백성이 그들의 범죄로 하나님이 진노하셔서 이젠 모든 것이 다 끝났다고 절망할 때, 하나님은 "그들에게 이르라 너희는 내가 주어 살게 할 땅에 들어가서"(2절)라고 말씀하셨습니다. 이스라엘 백성이 광야로 돌아가 40년을 방랑하게 될 것이라고 진노하셨으나 그 후 다시 가나안 땅에 들어가 살게 될 것이라고 말씀하신 것입니다. 즉 절망의 순간에 소망을 약속하신 것입니다.

그리고 그때가 되어 이스라엘 백성이 약속의 땅에 들어가면 예배하라고 말씀하십니다. 예배를 통해 회복시키시는 하나님의 약속이 본문 2절에 나와 있습니다. 그런데 그 구절 "너희는 내가 주어"에서 빠져 있는 단어가 하나 있습니다. 그것은 '라켐'이라는 단어인데 '너희에게'라는 뜻입니다. 이 말을 넣으면 '내가 너희에게 주고 있는'으로 해석할 수 있습니다.

하나님은 이스라엘 백성에게 '줄 것'뿐 아니라 '이미 주고 있는 것'으로 말씀하십니다. 다시 회복하겠다는 약속은 가짜가 아니라 진짜인 것입니다. 실제로 20세 이상의 사람들은 광야에서 죽었지만, 20세 이하의 사람들은 광야에서 예배를 통해 준비되고 훈련받아서 약속의 땅으로 들어가게 되었습니다. 즉 하나님이 회복시키신 것입니다.

하나님이 다 하셨습니다. 이스라엘 백성이 강력해져서 들어간 것이 아니라 하나님이 들어가게 하신 것입니다. 이는 하나님이 그 땅을 주셨다는 뜻입니다. 이스라엘 백성이 전력을 보강해 가나안 땅에 들어간 것이 아니고 다시 정보를 수집하고 병사들을 훈련해 이긴 것도 아닙니다. 바로 그들의 굳센 믿음으로 승리해 들어간 것입니다.

사람의 힘과 능력이 아니라 하나님을 사랑하는 예배자가 이깁니다. 하나님이 예배를 통해 다시 회복시키시기 때문입니다. 가나안 땅에 들어갈 때도 예배하는 제사장들을 제일 앞에 세워 행진하고 요단 강을 건널 때도 법궤를 앞세우고 건너갔습니다. 하나님이 하시는 것임을 알게 하려는 목적이었습니다. 여리고 성을 점령할 때도 마찬가지입니다. 법궤를 앞세우고 묵묵히 성을 돌았습니다. 그것은 곧 예배의 행위, 순종의 행위입니다.

하나님은 예배를 통해 이기게 하시고 다시 회복시키십니다. 또한 예배를 통해 상한 심령을 치유하시고 무너진 관계를 다시 세우십니다. 즉 예배는 다시 회복하심에 대한 하나님의 약속인 것입니다. 다시 회복하고 싶습니까? 신령과 진정으로 예배하십시오. 다시 일어서고 싶습니까? 전심으로 온전히 예배하십시오. 하나님은 예배를 통해 무너진 우리 인생을 다시 회복하실 것입니다.

비록 이스라엘이 광야에서 40년 동안 방랑했지만 하나님은 그들을 잊지 않고 마침내 그 백성이 가나안 땅을 정복해 누리도록 인도하셨습니다. 그것을 통해 다시 한 번 하나님의 약속이 언제나 유효하다는 것을 깨닫게 됩니다. 그래서 성경에는 이스라엘 역사에 대해 이렇게 기록되어 있습니다.

> 종 모세를 통하여 무릇 말씀하신 그 모든 좋은 약속이 하나도 이루어지지 아니함이 없도다(왕상 8:56).

지금 내 인생과 내 가정과 내 미래에 소망이 없다고 낙심하고 있습니까? 다시 일어나십시오. 하나님은 반드시 우리를 회복시키십니다. 그런 하나님에 대해 확증한 말씀을 하나 더 보겠습니다.

> 하나님께서는 결코 거짓으로 약속하지 않으시며, 거짓 맹세도 하지 않으십니다. 변하지 않는 이 두 사실은 하나님께 피난처를 구하는 우리들에게 용기를 주며, 우리가 받은 소망을 붙들 수 있는 힘을 줍니다(히 6:18, 쉬운성경).

예배는 완벽한 사람이 아니라 부족하고 연약한 우리를 위한 회복의 시간입니다. 하나님은 우리가 아직 죄인 되었을 때에 십자가를 통해 그분의 사랑을 이미 확증하셨습니다. 그래서 말씀에서는 감사로 예배하라고 강조합니다.

> 감사로 제사를 드리는 자가 나를 영화롭게 하나니 그의 행위를 옳게 하는 자에게 내가 하나님의 구원을 보이리라(시 50:23).

그러므로 우리는 마지못해 의무감으로 예배하는 것이 아니라 소망 중에 감사하는 마음을 갖고 신령과 진정으로 예배해야 합니다. 그래야 다시 시작할 수 있습니다.

◯ 계속 책임지시는 하나님에 대한 확인이다

본문 18-20절에서 하나님은 약속한 가나안 땅에 들어가면 처음 익은 곡식으로 예배하라고 말씀하십니다. 얼핏 생각하면 너무 이기적인 하나님이라는 생각도 듭니다. 새로운 땅에서 할 일이 넘치는데 제일 먼저 예배하라고 하시기 때문입니다. 그러나 하나님이 그 말씀을 하시던 상황을 생각하면 이해가 됩니다.

그것은 가나안 땅에 들어갔을 때가 아니라 다시 광야로 정처 없이 떠나야 하는 절망적인 상황에서 하신 말씀입니다. 하나님이 이스라엘 백성에게 지금은 광야로 돌아가지만 얼마 후 다시 가나안 땅으로 인도하실 거라는 사실을 상기시켜 주시는 것입니다. 즉 계속 책임지심에 대한 확인의 말씀입니다.

가만히 살펴보면 하나님이 알려 주신 번제와 소제에 대한 규례는 매우 의미심장합니다. 하나님이 명하신 제사에 필요한 품목은 모두 가나안 땅에 정착해야 얻을 수 있는 농산물이었습니다. 결국 하나님은 이스라엘 백성을 반드시 그 땅에 들어가게 하시겠다는 분명한 약속을 이렇게 확인시켜 주신 것입니다. 게다가 하나님은 "너희는 내가 인도하는 땅에 들어가거든"이라며 말씀을 시작하셨습니다.

'인도하실 땅'이 아니라 '인도하신 그 땅에 들어가서' 제사를 드리라는 것입니다. 광야로 돌아가는 상황에서 그 말씀은 하나님이 끝까지 책임져 주시겠다는 확증의 말씀이었습니다. 이렇듯 하나님은 그분의 백성을 끝까지 책임지시는 분입니다. 그분은 우리가 한 번 실수했다고 우리를 떠나거나 버리시지 않습니다. 기억하십시오. 우리를 책임지시는 하나님의 사랑은 영원합니다.

사실 이스라엘 백성이 약속의 땅에 들어가는 것은 당연한 권리가 아닙니다. 그들에게 마땅한 자격이 있는 것이 아니라 조건 없는 하나님의 은혜 덕분에 들어간 것입니다. 그래서 하나님은 그들에게 예배를 드리라고 말씀하셨습니다. 예배가 우리를 영원히 책임지시는 그분의 사랑에 대한 믿음의 증거이기 때문입니다.

그때 하나님은 처음 익은 열매와 가축으로 예배하라고 말씀하십니다. 대체 왜 첫 열매로 예배하라고 하셨을까요? 그 땅에서 누리는 모든 축복은 하나님이 책임져 주셔야 가능하기 때문입니다. 생각해 보십시오. 불확실한 그 상황에서 수확한 첫 열매는 하나님이 맺지 않으시면 불가능한 일입니다.

당시 백성은 첫 열매가 맺힐 때까지 상황이 어떻게 될지 몰랐습니다. 천재지변으로 결실을 맺지 못하고 모조리 다 죽어버릴 수도 있기 때문입니다. 우리나라도 그렇지만 가나안 땅의 기후는 더 예측이 불가능해서 농사가 끝나고 첫 열매를 거두어 봐야 알 수 있었습니다.

즉 첫 열매를 드리는 것은 모든 것이 하나님의 은혜요 하나님이 다 하셨음을 인정하는 믿음의 고백이자 표현입니다. 그러면 첫 열매는 무엇입니까? 바로 십일조입니다. 우리가 알고 있는 것처럼 내가 수확하고 벌어들인 수입의 10분의 1이 아니라 하나님의 은혜로 수확한 첫 열매가 십일조인 것입니다. 즉 십일조는 하나님이 책임져 주시는 것에 대한 감사 고백입니다.

또한 내 모든 삶이 하나님의 은혜임을 고백하는 믿음의 증거가 십일조입니다. 십일조를 드리는 사람은 하나님이 삶을 책임져 주신다는 사실을 믿는 것입니다. 그래서 말라기 선지자는 종교적인 의무감에 억지로 십일조를 드리거나, 심지어 십일조를 드리지 않는 백성에게 십일조의 축복을 강조했습니다. 그러므로 우리는 인색함이나 억지로 하지 않고 기쁨으로 첫 열매를 드리며 예배해야 합니다.

> 각각 그 마음에 정한 대로 할 것이요 인색함으로나 억지로 하지 말지니 하나님은 즐겨 내는 자를 사랑하시느니라(고후 9:7).

열왕기하 4장에는 엘리사와 기름병 이야기가 나옵니다. 거기서 중요한 것은 기름이 아니라 기름병입니다. 기름은 마르지 않는데 그 기름을 담을 그릇이 없는 것이 문제였던 것입니다. 마찬가지로 하나님의 축복은 마치 폭포와 같아서 결코 마르지 않습니다. 다만 우리 손에 있는 그릇의 크기가 문제인 것입니다. 그러므로 우리는 믿음의 그릇을 키워야 합니다.

씨를 많이 뿌리는 농부는 씨앗을 잃는 것이 아니라 더 많은 수확물을 얻게 됩니다. 첫 열매를 드리며 하나님을 예배하는 자들은 손해를 보는 것이 아니라 더 많은 것을 거두는 것입니다. 예배가 하늘의 축복을 현실의 축복으로 바꿔 주는 영적 통로임을 분명히 기억하십시오. 예배에 성공하는 사람이 인생의 진정한 성공자입니다.

신앙생활을 열심히 해도 지치고 두렵고 힘들 때가 있습니다. 때로는 현실 속에서 하나님의 약속을 눈으로 볼 수 없기 때문에 우리의 연약한 마음이 흔들리기도 합니다. 그래서 사도 바울은 이렇게 도전했습니다.

> 그러므로 내 사랑하는 형제들아 견실하며 흔들리지 말고 항상 주의 일에 더욱 힘쓰는 자들이 되라 이는 너희 수고가 주 안에서 헛되지 않은 줄 앎이라(고전 15:58).

하나님의 축복은 예배로 시작되고 그 예배는 절망한 사람들을 다시 일으키어 시작하게 만드는 힘입니다. 그러므로 여러분 모두 하나님의 회복과 책임지심을 경험하는 참된 예배자가 되기 바랍니다.

하나님은 예배를 통해
이스라엘을 다시 거룩하게 만드시고
'나의 하나님과 나의 백성'의 관계로
회복하십니다.

민 20:12

여호와께서 모세와 아론에게 이르시되
너희가 나를 믿지 아니하고
이스라엘 자손의 목전에서
내 거룩함을 나타내지 아니한 고로
너희는 이 회중을
내가 그들에게 준 땅으로 인도하여
들이지 못하리라 하시니라

말씀

인생을 결정하는 힘

/ 민 20:1-12

저는 무서움이 별로 없는 편인데 요즘 저를 심히 무섭게 하는 것이 있습니다. 바로 '시간'입니다. 왜 이렇게 시간이 빨리 지나가는지 정말 무섭습니다. 어느 날 축구를 하다가 갈비뼈가 부러졌는데 한 후배 목사가 이제 나이를 생각하셔야 하니 축구 같은 과격한 운동은 그만해야 한다는 말을 듣고 참 씁쓸했습니다.

사실 세월이 흐르면서 사람의 육적 기능이 떨어지는 것은 당연합니다. 그러나 지혜나 인격 또는 인품은 성장하고 믿음과 섬김의 분량도 커져야 합니다. 그런데 어떤 사람은 육적 건강의 증진에만 관심을 두고 영적 건강에는 전혀 관심이 없습니다. 세월은 흘렀지만 하나님의 자녀답게 살지 못하고 매년 반복되는 세상 문제로 괴로워합니다.

본문에 등장하는 이스라엘 백성도 마찬가지였습니다. 상황은 같지만 앞 장의 본문에 등장하는 이스라엘 백성과 다른 40년 이후의 이야기입니다. 40년이 지나면서 미리암과 아론도 죽고 하나님께 불평하고 원망했던 기존 세대는 거의 다 세상을 떠났으며 그 다음 자녀 세대가 자랐습니다.

그럼에도 여전히 고질적인 문제가 반복되었습니다. 세월이 40년이나 흐르고 사람도 다 바뀌었는데 하나님께 불평하고 원망하는 수준은 이전 세대와 비슷한 것입니다. 아마도 광야라는 혹독한 환경에서 살다 보니 사는 것이 힘들어 불평과 원망이 습관이 된 것 같습니다. 그들은 파종할 땅도 없고 먹을 과일이나 물도 없다고 불평했습니다.

심지어 이스라엘 백성은 하나님이 내려 주시는 만나에 대해 "더 이상 이 하찮은 식물은 먹고 싶지 않다"라며 혹평했습니다. 물론 40년 동안 먹었으니 그럴 만도 합니다. 하지만 만나는 그들의 말처럼 하찮은 음식이 아니었습니다. 그 만나 덕분에 그들이 40년 동안 버틸 수 있었던 것입니다.

그리고 역설적으로 생각해 보면 파종할 땅도 없고 먹을 과일도 없는데 하나님이 40년 동안 그들을 먹이고 입히셨으니 오히려 감사한 것입니다. 즉 마실 물도 없는 황량한 광야에서 생존할 수 있도록 하나님이 책임지고 도우신 것입니다. 바로 이렇게 우리의 관점을 바꿔야 합니다. 직장 상사 때문에 스트레스 받고 있어도 관점을 바꿔 그 직장 때문에 가족이 생활을 이어 갈 수 있음을 감사해야 합니다. 자녀가 속을 썩이고 있어도 옆에 가족이 있음을 감사해야 합니다.

그런데 왜 이스라엘 백성은 그렇게 성숙한 생각을 하지 못하고 같은 잘못을 반복하는 것일까요? 똑같이 연약한 우리도 '이제 좀 바뀔 때가 되지 않았나' 하는 생각이 들 정도입니다. 그러나 가만히 보면 그들의 모습이 바로 우리의 모습입니다. 오랫동안 교회에 다니고 신앙생활을 하면서도 거의 변화가 없습니다. 조금만 힘들면 불평하고 원망하는 것이 일상입니다.

이제 그런 모습을 훌훌 털고 다시 시작해야 합니다. 이스라엘 백성처럼 같은 잘못을 반복하는 미련한 신앙을 버리고 광야를 떠나 하나님이 우리를 위해 예비하신 가나안 땅을 향해 진군해야 하는 것입니다. 그때 우리가 반드시 알아야 하는 것이 있습니다. 바로 말씀으로 시작하고 말씀으로 결론을 내야 한다는 것입니다. 말씀이 우리를 다시 시작하게 만드는 힘이기 때문입니다.

잘 생각해 보십시오. 모세가 가나안에 들어가지 못한 결정적인 이유는 하나님이 명하신 말씀대로 행하지 않았기 때문입니다. 또한 이스라엘이 광야 생활을 한 것도 하나님의 말씀을 믿지 않았기 때문입니다. '광야'라는 말은 '미 드바르'로 '말씀'을 뜻하는 '다바르'의 명사형입니다. 즉 하나님이 광야를 건너게 하시는 것은 말씀을 청종하는 훈련을 하시려는 의미입니다.

광야는 이스라엘 백성을 괴롭혀 죽게 만드는 장소가 아니라 겸손히 하나님의 말씀을 청종하고 그 말씀으로 훈련하는 곳입니다. 광야를 저주의 장소가 아니라 축복의 장소로 만드십시오. 하나님은 우리가 광야에서 그분의 말씀으로 훈련받아 하나님이 예비하신 땅, 가나안의 축복을 누리기 원하십니다.

그래서 우리는 말씀으로 다시 시작해야 합니다. 이때 강조하는 '말씀'은 단순히 성경 지식을 의미하는 것이 아닙니다. 사극에 나오는 '어명'의 '명'이 왕을 상징하는 것처럼 여기서 '말씀'은 하나님을 상징합니다.

> 태초에 말씀이 계시니라 이 말씀이 하나님과 함께 계셨으니 이 말씀은 곧 하나님이시니라…말씀이 육신이 되어 우리 가운데 거하시매 우리가 그의 영광을 보니 아버지의 독생자의 영광이요 은혜와 진리가 충만하더라 요한이 그에 대하여 증언하여 외쳐 이르되 내가 전에 말하기를 내 뒤에 오시는 이가 나보다 앞선 것은 나보다 먼저 계심이라 한 것이 이 사람을 가리킴이라 하니라(요 1:1, 14-15).

요한은 육신이 되어 세상에 오신 말씀이 예수님이라고 말합니다. 즉 말씀 안에 거한다는 말은 예수님 안에 거한다는 뜻이고, 말씀에 순종한다는 말은 예수님께 순종한다는 의미입니다. 그래서 우리는 말씀 안에 거하며 말씀으로 살아야 합니다. 말씀이 내 실존이 되고 내 인생의 실재가 되어야 축복된 미래를 다시 시작할 수 있기 때문입니다.

말씀이 문제의 답이다

이스라엘 백성이 불평하고 원망하자 하나님은 모세에게, 반석에게 명령하여 물을 내라고 하셨습니다. 그런데 모세는 하나님의 말씀에 순종하지 않고 자기 감정과 생각으로 반응해 말로 명령하지 않고 지팡이로 반석을 쳤습니다. 하나님이 아니라 마치 자신의 능력으로 하는 것처럼 행동한 것입니다. 그 일로 인해 모세는 가나안 땅에 들어가지 못했습니다. 말씀을 무시하는 것, 말씀을 듣고 순종하지 않는 것은 하나님을 무시하고 믿지 않는 행위이기 때문입니다.

우리의 문제가 바로 이것입니다. 말씀을 듣고 배우지만 그저 듣는 것으로 끝나고 성경 지식으로만 남으면 소용이 없습니다. 말씀을 판단하려고 하지 말고 말씀이 존재 자체가 되게 해야 합니다. 말씀이 우리가 겪는 모든 문제에 대한 해답이 되기 때문입니다.

그래서 성경에서는 말씀을 청종하라고 강조합니다. '청종'이란 '듣고 순종하다'라는 뜻입니다. 즉 하나님의 말씀을 청종하다는 것은 그분이 인생의 주인이요 주관자임을 인정하고 그분의 계획과 기대 안에서 사는 것을 의미합니다. 그러므로 하나님의 기대에 부응하고 그분의 구원 계획대로 살기 위해 우리는 모든 문제에 대한 답인 말씀을 청종하며 살아야 합니다.

사실 인생은 문제의 연속입니다. 이 세상에 문제없는 사람은 아무도 없습니다. 그러나 하나님은 우리가 겪는 문제를 재료로 삼아 그분의 영광을 드러내시고 하나님과 우리를 더욱 연합하게 하십니다. 우리가 하나님의 말씀에 청종할 때 하나님은 모든 것이 합력하여 선을 이루게 하시는 것입니다. 그래서 말씀을 따르는 자, 말씀대로 사는 자의 문제는 더 이상 아무 문제가 안 됩니다.

말씀을 따를 때 우리가 겪는 모든 문제는 기적의 재료, 은혜의 재료, 간증의 재료가 됩니다. 하나님의 자녀는 문제를 통해 우리를 사랑하시는 하나님을 더 깊이 알기 때문입니다. 성경에는 문제 때문에 오히려 잘된 이야기가 많이 나옵니다. 가나의 혼인 잔치를 보십시오. 처음에는 문제 때문에 곤란을 겪었지만 나중에는 훨씬 더 좋아졌습니다. 야곱, 요셉, 다니엘, 다윗의 삶도 모두 그랬습니다.

하나님께 복을 받은 그들의 공통점은 말씀을 청종했다는 것입니다. 이스라엘이 망한 것은 적보다 약하거나 환경이 열악했기 때문이 아닙니다. 하나님의 말씀을 청종하지 않았기 때문입니다. 또한 그들이 광야를 방랑하게 된 것도 가나안 땅으로 인도하시려는 그분의 말씀을 청종하지 않았기 때문입니다. 즉 말씀이 문제의 답인 것입니다.

그러므로 말씀을 듣고 말씀이 여러분의 삶이 되게 하십시오.

문제를 만났을 때, 모세처럼 화내며 감정으로 반응하지 말고 하나님이 나를 성장시키려는 것이라는 긍정적인 믿음의 태도를 가지십시오. 그때 모든 것을 합력해 선을 이루시는 하나님을 기뻐하게 될 것입니다.

문제를 바라보는 시각이 변하면 해결책이 보입니다. 왜 그런 일이 일어났는지, 문제를 중심으로 보지 말고 그 문제를 어떻게 해결할 것인지 하나님께 문제를 가지고 나가기 바랍니다. 말씀이신 예수님이 문제의 답입니다. 그러면 여러분이 갖고 있는 문제의 크기와는 비교도 할 수 없을 만큼 위대한 승리를 경험하게 될 것입니다.

말씀은 축복의 길이다

모세가 그토록 기다리던 가나안 땅으로 들어가지 못한 이유는 말씀대로 순종하지 않았기 때문입니다. 성경을 보면 실수와 죄를 범했어도 하나님의 말씀을 청종한 자는 축복을 받았습니다. 그러나 사울 왕처럼 잘나고 가문이 좋아도 하나님의 말씀을 청종하지 않은 자들은 다 망했습니다. 즉 말씀이 축복의 길인 것입니다.

성경을 읽으면서 하나님이 왜 그렇게 가나안 땅을 말씀하셨는지 이해가 안 될 때도 있었습니다. 지도를 펼치고 지리를 살펴봐도 농사를 짓기에는 가나안보다 더 좋은 땅이 많기 때문입니다. 아브라함이 살던 메소포타미아나 이스라엘 민족이 살던 애굽은 비옥한 땅이었습니다. 하나님이 이스라엘에게 땅을 주시려면 가나안 땅이 아니라 그런 곳이어야 했습니다.

그런데 왜 하나님은 이스라엘 백성에게 가나안 땅으로 가라고 하셨을까요? 하나님의 축복은 환경이나 조건이 아니라 그분의 말씀을 청종하는 사람들에게 주시는 선물이기 때문입니다. 하나님이 아브라함을 선택하고 복을 주겠다고 하실 때는 명당으로 인도하겠다고 약속하신 것이 아닙니다. 아브라함이라는 사람 자체가 복이 되게 해 그가 가는 곳마다, 하는 일마다 복되게 하신 것입니다.

오늘날 많은 사람은 어디가 집값이 오르고 어느 곳이 살기 좋은지를 살핍니다. 보이는 것에서 복을 찾는 것입니다. 그러나 우리는 말씀이 축복의 길임을 알아야 합니다. 하나님은 말씀을 청종하는 자를 복의 근원으로 삼으셔서 그가 어디를 가든지 형통하게 하십니다. 아무리 살기 좋아도 하나님이 없는 곳은 지옥이고, 아무리 최악의 상황이라도 하나님이 함께하시면 그 어디든 천국입니다. 그래서 말씀을 기준으로 말씀 안에서 살아야 하는 것입니다.

우리는 아브라함처럼 복의 근원이 되는 존재입니다. 말씀에 순종하며 말씀이 나를 통치하고 다스리게 할 때 나로 인해 이 땅이 변화되고 달라지고 새로워집니다. 나로 인해 가정과 교회와 공동체가 바뀌는 것입니다. 그래서 시편 기자는 여호와의 말씀을 주야로 묵상하는 자가 복이 있다고 강조했습니다.

이스라엘이 실패한 것은 환경이 척박하거나 군대력이 약했기 때문이 아닙니다. 하나님의 말씀을 복이 아니라 욕으로 여겼기 때문입니다. 안타깝게도 그들은 말씀이 축복의 길인 것을 깨닫지 못했습니다.

> 내가 누구에게 말하며 누구에게 경책하여 듣게 할꼬 보라 그 귀가 할례를 받지 못하였으므로 듣지 못하는도다 보라 여호와의 말씀을 그들이 자신들에게 욕으로 여기고 이를 즐겨 하지 아니하니(렘 6:10).

축복된 인생으로 다시 시작하고 싶다면 말씀을 청종하십시오. 반대로 하나님의 복을 누리지 못하는 인생이 되고 싶다면 하나님이 보낸 선지자인 주의 종을 욕하고 그가 선포하는 하나님의 말씀을 무시하십시오. 성경에도 그런 내용이 나옵니다.

> 그의 백성이 하나님의 사신들을 비웃고 그의 말씀을 멸시하며 그의 선지자를 욕하여 여호와의 진노를 그의 백성에게 미치게 하여 회복할 수 없게 하였으므로(대하 36:16).

예수님은 "하나님께 속한 자는 하나님의 말씀을 듣나니 너희가 듣지 아니함은 하나님께 속하지 아니하였음이로다"(요 8:47)라고 말씀하셨습니다. 말씀처럼 하나님께 속한 우리는 분노와 아픔과 괴로움을 다 떨쳐버리고 말씀으로 다시 시작해야 합니다.

> 여호와는 네게 복을 주시고 너를 지키시기를 원하며 여호와는 그의 얼굴을 네게 비추사 은혜 베푸시기를 원하며 여호와는 그 얼굴을 네게로 향하여 드사 평강 주시기를 원하노라 할지니라 하라 그들은 이같이 내 이름으로 이스라엘 자손에게 축복할지니 내가 그들에게 복을 주리라(민 6:24-27).

견디기 어려운 상황이나 앞이 보이지 않는 처지에 있더라도 절대로 포기하거나 실망하지 마십시오. 오히려 그때까지 인도하고 이루게 하신 하나님께 감사하기 바랍니다. 그리고 앞으로 더 놀랍게 인도하실 하나님을 신뢰하십시오. 믿음으로 말씀을 청종할 때 우리를 위해 예비하신 하나님의 기적과 축복을 누리게 될 것입니다.

하나님은 여러분이 다시 시작하기를 기대하고 계십니다. 그러므로 이제 말씀이 문제의 답이요 축복의 길임을 기억하고 말씀으로 다시 시작하는 여러분이 되기 바랍니다.

우리는 말씀 안에 거하며

말씀으로 살아야 합니다.

말씀이 내 실존이 되고

내 인생의 실재가 되어야

축복된 미래를 다시 시작할 수 있기

때문입니다.

2부 시작, 그 이상

민 23:19

하나님은 사람이 아니시니
거짓말을 하지 않으시고
인생이 아니시니 후회가 없으시도다
어찌 그 말씀하신 바를 행하지 않으며
하신 말씀을 실행하지 않으시랴

결단

신앙이 성장하는 힘

/ 민 23:18-26

오늘날 신조어 중 하나는 '결정장애' 또는 '선택장애'입니다. 이것은 선택을 지나치게 망설이는 상태를 의미합니다. 그래서 식당에서 메뉴를 결정하는 것부터 집을 사는 것까지 무엇이든 선택하는 것을 아주 어려워합니다. 사실 신앙생활에서도 '결정장애'인 성도가 많습니다. 무엇이 바른 길인지 알면서도 결단을 내리지 못한 채 신앙의 회색 지대를 고수합니다. 예수님을 구주로 영접하고도 삶의 주인 자리를 온전히 내어드리지 못한 것입니다.

마찬가지로 이스라엘 백성이 광야에서 방황한 것은 그들에게 영적 결단력이 없었기 때문입니다. 그들은 약속의 땅을 코앞에 두고도 "우리의 밥이다"라고 외칠 믿음의 결단이 없었습니다. 하나님의 약속을 받고도 그 약속을 받을 만한 축복의 결단이 없었던 것입니다.

본문은 바로 그런 상황 속에서 전개됩니다. 이스라엘 백성은 시내 산을 출발한 후 계속해서 내부적인 갈등으로 어려움을 겪었습니다. 그런데 지금 이스라엘을 위협하는 것은 내부적인 것이 아니라 외부적인 문제였습니다. 바로 이스라엘을 저주하려는 대적자가 나타난 것입니다.

그는 모압 왕 '발락'으로, 아모리 왕 시혼과 바산 왕 옥이 이스라엘에게 패했다는 소식을 듣고 접근해 오는 이스라엘 백성이 두려웠습니다. 그래서 이스라엘을 무너뜨리기 위해 당대의 유명한 점술가였던 발람을 불러 이스라엘을 저주하게 했습니다. 왕에게 돈을 받은 발람은 발락의 요청으로 이스라엘을 저주하려고 했지만 뜻대로 되지 않았습니다. 하나님은 발람이 이스라엘을 저주하지 않고 도리어 축복을 선포하게 하신 것입니다. 그래서 발람이 세 차례나 단을 쌓고 간구했지만 하나님은 이스라엘을 축복하셨습니다.

마찬가지로 하나님은 악의 무리의 참소에도 우리를 축복하십니다. 우리에 대한 하나님의 뜻이, 재앙이 아니라 평안이기 때문입니다. 그 어떤 대적도 하나님의 사랑에서 끊을 수 없습니다. 때로는 우리의 현실이 말도 안 되는 상황일 수 있지만 그 어떤 상황에도 흔들리지 말고 하나님을 신뢰하십시오.

하나님은 우리가 형통하고 잘되기를 원하시는 분입니다. 그래서 우리의 절망을 소망으로, 우리의 슬픔을 기쁨으로 바꾸시며 우리의 문제를 축복의 재료로 사용하십니다. 그러므로 우리는 믿음의 결단을 해야 합니다.

하나님은 말씀대로 행하신다

하나님은 사람이 아니기에 거짓말도, 후회도 하지 않으십니다. 그분은 하신 말씀대로 반드시 행하시는 존재입니다. 그래서 우리는 하나님의 말씀대로 청종하기를 결단해야 합니다.

이스라엘 백성이 말씀대로 행하시는 하나님을 계속 의심하니까 하나님은 이스라엘 백성을 저주하려는 점술가 발람을 통해 말씀대로 행하신다는 것을 알려 주십니다. 마찬가지로 우리도 믿음으로 살기 어렵고 힘들 때가 참 많지만 그럼에도 하나님의 말씀대로 청종하기를 결단해야 하는 것은 하나님이 말씀대로 행하시는 분이기 때문입니다. 살다 보면 내 힘과 능력으로는 도저히 할 수 없어 낙심하고 절망할 때가 많습니다. 내가 할 수 있는 일이 없는 것처럼 보이기도 합니다. 그러나 말씀대로 행하시는 하나님을 바라보면 모든 것이 가능해집니다

그런즉 이 일에 대하여 우리가 무슨 말 하리요 만일 하나님이 우리를

위하시면 누가 우리를 대적하리요(롬 8:31).

하나님이 우리를 위하시면 아무도 우리를 대적할 수 없습니다. 하나님이 우리의 인생을 위하시면 우리는 축복의 삶을 누릴 수밖에 없습니다. 그러므로 여러분, 인생을 말씀대로 행하시는 하나님께 온전히 맡기겠다고 결단하십시오. 지금도 보이지 않는 곳에서 우리를 위해 일하시는 하나님만 바라보고 의지하기로 결단하기 바랍니다.

모압 왕 발락의 이름은 '파괴자'를 뜻합니다. 그만큼 그는 다른 사람들에게 공포감을 주는 존재였지만, 사실 이스라엘 백성과 함께하시는 하나님 때문에 자신이 파괴당할까 봐 두려워했습니다. 많은 성도들이 적을 보며 떨지만 사실은 적이 우리를 보고 떨고 있습니다. 그러므로 두려워하지 말고 겁내지 마십시오.

삶이 고통 중에 있다면 말씀대로 행하실 하나님을 의지하기로 결단하고, 평탄하다면 변함없이 여러분을 위해 일하고 계신 하나님께 감사해야 합니다. 하나님 안에 있으면 어떤 대적도 우리를 넘어뜨릴 수 없고 어떤 평가도 우리를 흔들 수 없으며 어떤 상황에서도 다시 일어설 수 있기 때문입니다. 모세는 죽음을 앞두고 이스라엘 백성에게 이렇게 말했습니다.

또한 여호와께서 그들을 너희 앞에 넘기시리니 너희는 내가 너희에게 명한 모든 명령대로 그들에게 행할 것이라 너희는 강하고 담대하라 두려워하지 말라 그들 앞에서 떨지 말라 이는 네 하나님 여호와 그가 너와 함께 가시며 결코 너를 떠나지 아니하시며 버리지 아니하실 것임이라 하고(신 31:5-6).

모세가 당부한 것처럼 이제 여러분도 인생 가운데 만나는 문제를 보며 좌절하거나 절망하지 말기 바랍니다. 그리고 우리를 자녀로 삼으시고 축복하시는 하나님만 바라보기로 결단하십시오. 하나님은 말씀대로 행하시는 분입니다.

하나님은 약속대로 이루신다

점술가 발람은 이스라엘을 저주하라는 청탁을 받았습니다. 이 난감한 부탁을 받은 발람은 먼저 하나님이 감동받으시도록 일곱 개의 단을 쌓고 하나님께 나아갔습니다. 그리고 하나님께 "이스라엘을 계속 사랑하실 필요가 없습니다. 그들은 그럴 만한 가치가 없는 백성입니다. 하나님의 은혜를 모르고 반역하는 민족입니다"라고 참소했을 것입니다.

그러면서 아마 이렇게 기도하지 않았을까 싶습니다. "모압 왕 발락이 하나님께 드리는 엄청난 일곱 개의 단을 보십시오! 이스라엘이 아니라 모압 땅을 선택하는 것이 더 낫습니다. 버릇없는 이스라엘을 저주하시고 대신 이들을 택하십시오!" 하나님이 이렇게 말씀하셨기 때문입니다.

> 야곱의 허물을 보지 아니하시며 이스라엘의 반역을 보지 아니하시는도다 여호와 그들의 하나님이 그들과 함께 계시니 왕을 부르는 소리가 그중에 있도다(21절).

말씀에서 알 수 있듯이 하나님은 이스라엘 백성을 참소하고 비난하는 발람의 말에 이스라엘의 허물과 반역을 보지 않겠다고 선언하십니다. 하나님은 약속대로 이루시는 분이기 때문입니다.

> 하나님은 약속을 기업으로 받는 자들에게 그 뜻이 변하지 아니함을 충분히 나타내시려고 그 일을 맹세로 보증하셨나니 이는 하나님이 거짓말을 하실 수 없는 이 두 가지 변하지 못할 사실로 말미암아 앞에 있는 소망을 얻으려고 피난처를 찾은 우리에게 큰 안위를 받게 하려 하심이라(히 6:17-18).

하나님은 우리의 미련함과 연약함과 어리석음과 죄악, 심지어 그분에 대한 배반과 반역에도 축복하시겠다는 약속을 이루십니다. 바로 그런 하나님의 사랑과 은혜가 복음입니다. 그러므로 여러분, 약속대로 이루시는 하나님의 사랑과 은혜를 생각하며 결단하십시오. 하나님은 우리의 부끄러운 모습을 보지 않고 사랑해 주십니다.

이스라엘 백성은 계속해서 반역하고 하나님께 불평과 원망을 일삼았습니다. 출애굽의 기적과 만나의 은혜와 승리를 경험하고도 괘씸할 정도로 감사하지 않았습니다. 하지만 그럼에도 하나님은 그들의 반응과 상관없이 그분이 약속하신 대로 이루셨습니다. 우리는 신실하신 그 하나님을 섬겨야 하는 것입니다.

하나님은 아브라함에게 하늘의 별을 보여 주시며 셀 수 없는 많은 자손을 주겠다고 약속하셨습니다. 그리고 시간이 흐른 후 발람은 이스라엘 인구의 1/4을 세는 것조차 큰일인 만큼 이스라엘이 매우 번성하여 큰 민족이 되었다고 노래합니다. 하나님이 아브라함에게 약속한 대로 다 이루셨음을 선포하는 것입니다.

상식적으로 약속은 둘 중 한 명이라도 조건에 충족되지 않으면 파기됩니다. 그런데 성경에는 창세기부터 계시록까지 인간의 죄로 인한 일방적인 계약 파기만 나옵니다. 솔직히 말해 하나님은 약속을 지켜야 할 책임도, 의무도 없습니다. 약속을 이루신다고 해서 하나님께 어떤 대가가 있는 것도 아니고, 심지어 이스라엘 백성은 고마운 줄도 모르기 때문입니다.

바로 그것이 우리의 모습입니다. 하나님은 그런 우리의 부족함과 연약함을 끝까지 품어 주십니다. 우리가 약속을 깨도 그분은 약속대로 이루십니다. 그래서 우리가 다시 결단할 수 있는 것입니다. 그러므로 여러분, 다시 믿음으로 살기를 결단하십시오. 다시 사랑하고 섬기기를 결단하십시오. 다시 말씀대로 행하시는 하나님의 말씀에 청종하기를 결단하십시오.

너희는 이 세대를 본받지 말고 오직 마음을 새롭게 함으로 변화를 받아 하나님의 선하시고 기뻐하시고 온전하신 뜻이 무엇인지 분별하도록 하라(롬 12:2).

이 구절에서 주목할 단어인 "새롭게 함으로"는 '결단하는 것'을 뜻하고 "변화를 받아"는 '하나님의 일하심으로'를 의미합니다. 즉 '내가 결단하면 하나님이 일하신다'라는 말입니다. 그래서 시편 기자는 이렇게 강조합니다.

이르시기를 너희는 가만히 있어 내가 하나님 됨을 알지어다 내가 뭇 나라 중에서 높임을 받으리라 내가 세계 중에서 높임을 받으리라 하시도다(시 46:10).

말씀대로 행하시는 하나님만 의지하기로, 약속한 것을 반드시 이루시는 하나님만 사랑하기로 결단하십시오. 신앙에서는 결정장애가 아닌, 확실한 결단이 필요합니다. 때로는 우리에게 이익이 되지 않는 결단을 해야 할 때도 있습니다. 예를 들어 피곤한 주말에 늦잠을 포기하고 교회에 가서 예배드리는 것, 하나님께 십일조를 드리는 것 등 하나님을 잘 섬기기 위해서는 손해를 보고 불편이 있더라도 믿음과 헌신의 결단을 해야 합니다. 하나님이 우리를 위해 행복한 미래를 예비해 놓으셨기 때문입니다.

그러므로 이제는 말씀대로 행하시는 하나님만 바라보고 의지하겠다고 결단하십시오. 약속대로 이루시는 하나님만 사랑하고 섬기겠다는 결단이 우리에게 필요합니다.

주님은 우리에게 "네가 이같이 미지근하여 뜨겁지도 아니하고 차지도 아니하니 내 입에서 너를 토하여 버리리라"(계 3:16)고 말씀하십니다. 그 사실을 기억하고 그분의 자녀답게 살겠다는 결단으로 하나님이 여러분을 위해 준비한 미래를 기쁘게 맞이하기 바랍니다.

민 31:2

이스라엘 자손의 원수를

미디안에게 갚으라

그 후에 네가 네 조상에게로 돌아가리라

순종

하나님의 일하심을 경험하는 힘

/ 민 31:1-8, 13-18

하나님이 하시는 일 중 우리의 머리로는 이해가 안 되는 일들이 많습니다. 본문의 내용도 얼핏 보면 이해가 되지 않습니다. 하나님은 이스라엘 백성에게 미디안과 전쟁을 하고 그들을 모조리 죽여 버리라고 잔인하게 명하셨습니다. 그리고 그 백성이 여자와 아이를 살려오자 하나님은 몹시 화를 내십니다. 이 부분을 보며 '원수까지 사랑하라고 말씀하신 하나님이 어떻게 이렇게까지 한 부족을 진멸시키기 원하실까?' 하고 의아하기도 합니다.

우리는 그것을 이해하기 위해 사건의 배경이 나오는 민수기 25장부터 살펴봐야 합니다.

이스라엘이 싯딤에 머물러 있더니 그 백성이 모압 여자들과 음행하기 를 시작하니라 그 여자들이 자기 신들에게 제사할 때에 이스라엘 백성 을 청하매 백성이 먹고 그들의 신들에게 절하므로 이스라엘이 바알브 올에게 가담한지라 여호와께서 이스라엘에게 진노하시니라(민 25:1-3).

이 일은 주술사 '발람'이 한 것으로, 본문 16절에도 "발람의 꾀를 따라"고 나옵니다. 하나님이 발람을 통해 이스라엘 백성을 저주하는 것을 막으시자 다른 방법으로 백성을 무너뜨리려 한 것입니다. 미디안의 왕 다섯 명 중 한 명인 수르가 자신의 딸과 여자들을 보내 우상 숭배와 음란 행위를 조직적으로 일으켰습니다.

이 사건의 중심에는 미디안 여자들이 있습니다. 그들로 인해 이스라엘 백성이 범죄하게 되었고 그 일로 하나님은 여자들까지 남기지 말고 모조리 없애라고 하신 것입니다. 그러면서 하나님은 그분만 섬기는 이스라엘 백성의 미래를 위해 모세가 죽기 전 마지막으로 미디안에 원수를 갚으라고 말씀하셨습니다.

이스라엘 자손의 원수를 미디안에게 갚으라 그 후에 네가 네 조상에 게로 돌아가리라 모세가 백성에게 말하여 이르되 너와 함께 있는 사 람들 가운데서 전쟁에 나갈 사람들을 무장시키고 미디안을 치러 보 내어 여호와의 원수를 갚되(2-3절).

하나님은 왜 죽음을 앞둔 모세에게 미디안을 치라고 명하셨을까요? 이스라엘 백성이 또 다시 여자들의 유혹을 받아 망하고 무너지는 것을 처음부터 차단하시는 것입니다. 우려한 대로 미디안 족속을 전멸하라는 명령을 어기고 미디안 여자 일부를 살려둔 이스라엘 백성은 후에 그 대가를 치르게 됩니다. 기드온 사사 시대에 미디안 여자들에 의해 불어난 미디안 족속이 강성하여 이스라엘 백성을 7년 동안 고통당하며 괴롭게 하는 것입니다.

한편 여기서 원수를 갚는다는 것을 감정적인 복수심이라며 하나님을 오해해서는 안 됩니다. 본문 2절의 "원수"는 히브리어로 '나캄'입니다. 이 단어는 단순히 개인적인 차원의 감정적 대응을 뜻하는 것이 아닙니다. 그것은 조화가 깨진 상태를 회복시키는, 하나님이 공의와 거룩을 이루기 위해 사용하시는 단어입니다.

결국 본문의 내용은 공의를 위한 전쟁(혹은 헤렘 전쟁)입니다. 그것을 확실하게 보여 주는 근거가 세 가지 있습니다. 첫째, 하나님은 공의를 이루기 위해 직접 명하셨습니다. 둘째, 모세나 여호수아가 아니라 25장의 영웅 '비느하스'가 지휘합니다. 셋째, 고스비의 아비 수르를 포함해 미디안의 다섯 왕을 죽이고 주술사 발람을 죽였음을 강조합니다.

헤렘 전쟁은 죄에 대한 심판과 거룩함의 회복 전쟁입니다. 그리고 본문이 포함된 민수기 31장은 전투의 이유와 그 전투 자체에 대해서는 짤막하게 나오고 전투 이후 처리 과정에 주목합니다. 그렇다면 본문 13-16절에서 모세는 왜 명령대로 미디안을 정복하고 돌아온 군사들에게 화를 낸 것입니까? 하나님이 부분적인 순종이 아니라 온전한 순종을 원하신다는 것을 알았기 때문입니다. 전쟁에 나간 군사들은 여자들을 살려서 데려왔습니다. 자신에게 유리하게 해석하여 이득을 취한 것입니다.

오늘날 성도들의 문제가 바로 그것입니다. 부분적으로는 순종해도 온전히 순종하기는 어려워합니다. 하나님의 일하심보다 내 계획과 판단이 앞서기 때문입니다. 그래서 성경에는 이렇게 나옵니다.

> 죽은 파리들이 향기름을 악취가 나게 만드는 것같이 적은 우매가 지혜와 존귀를 난처하게 만드느니라(전 10:1).

우리 인생에 남겨둔 작은 불순종이 하나님의 영광스러운 일들을 가로막을 수 있음을 기억하십시오. 인생이 회복되고 하나님의 놀라운 뜻과 계획이 우리 삶 가운데 나타나기 원한다면 순종을 결단해야 합니다. 그렇다면 우리가 하나님께 순종해야 하는 구체적인 이유는 무엇일까요?

하나님이 사랑하시기 때문이다

첫 번째 이유는 하나님이 우리를 사랑하시기 때문입니다. 본문 1-2절에서 하나님은 이스라엘 백성이 이방 민족들의 꾐에 빠져 하나님을 멀리하는 불신앙을 경계하기 위해 미디안에게 원수를 갚으라고 말씀하셨습니다. 이는 이스라엘 백성을 너무나 사랑하시기 때문입니다. 그들이 남겨둔 미디안 여자들로 인해 이스라엘 백성이 죄의 노예가 되어 죄의 대가로 멸망당하지 않기 위해 그들을 전멸하라고 하신 것입니다.

사실 그 말씀에 순종하는 것은 상당히 부담스러운 일이었습니다. 하나님이 명하신 전쟁의 준비 과정을 살펴보면 참으로 당황스럽습니다. 유능한 지휘관이 아니라 전쟁 경험이 전혀 없는 레위 지파의 비느하스를 군대의 지휘관으로 세우시고 수십만 미디안 군대에 비해 그 수가 너무나 적은 12,000명만 뽑아 전쟁을 치르게 하십니다. 이스라엘 백성은 전쟁에 나가면서도 상당히 불안했을 것입니다. 그러나 하나님은 단 한 명도 죽지 않고 미디안에 완승을 거두게 하셨습니다. 순종했기에 하나님의 역사와 기적이 일어난 것입니다.

사실 말씀에 순종하는 것이 얼마나 힘듭니까? 순종할 만한 능력과 환경이 되면 어렵지 않지만 자신의 처지와 상황이 곤란하거나 어려우면 순종이 부담이 될 때가 많습니다. 그럼에도 우리는 순종해야 합니다. 순종은 하나님이 우리를 위해 주시는 영적 선물이요 축복의 통로이기 때문입니다. 하나님 편에서 순종을 보면 위대하고 놀라운 그분의 사랑이 보입니다.

그 사랑이 절실하게 표현된 부분이 바로 아가입니다. 하나님은 아가에 나오는 술람미 여인처럼 볼품없는 우리를 너무나 사랑하십니다. 사랑받을 자격이 하나도 없는 우리를 우리밖에 없는 것처럼 사랑해 주시고 십자가 사건으로 우리에 대한 사랑을 확증시켜 주셨습니다. 그러므로 우리는 책임지고 끝까지 사랑해 주시는 하나님께 부분적인 순종이 아니라 온전한 순종으로 나아가야 합니다. 이것을 깨닫는 것이 은혜입니다.

본문 18절에서 하나님은 한 가지 더 명령하셨습니다. 모세를 통해 미디안 여자를 살려서 데려온 이들에게 남자를 알지 못하는 여자는 살려두라고 하시며 그들을 결혼하지 않은 이스라엘 백성의 배필로 허락하십니다. 참으로 하나님의 사랑은 끝이 없습니다. 여기서 주목할 표현은 "너희를 위하여"입니다. 성경에 이 말은 수없이 나옵니다. 만나를 주실 때도(출 16:4), 속죄를 위한 제사를 드릴 때도(레 16:30), 우상 숭배를 하지 말라고 하실 때도(레 19:4), 살인자를 위한 도피성을 마련하실 때도(민 35:11) 하나님은 우리를 위하여 행하십니다.

때때로 하나님의 명령이 부담스럽고 그것을 순종하며 사는 것이 힘들어도 우리를 사랑하시는 하나님의 마음을 이해한다면 기꺼이 기쁨으로 순종할 수 있을 것입니다. 결국 순종은 우리를 위한 것이기 때문입니다. 순종이 하나님의 선물임을 깨닫는 은혜가 여러분에게 있기 바랍니다.

◯ 하나님께 사랑받기 위해서다

하나님께 순종을 드려야 하는 두 번째 이유는 그분의 사랑을 받기 위해서입니다. 이스라엘 백성은 미디안의 수십만 군대에 대항해 고작 12,000명이 나갔지만 수많은 전리품을 취하고 아이들과 여자들을 데리고 승리해서 돌아왔습니다. 일반적으로 승리를 기뻐하며 반겨야 하지만 모세는 굉장히 화를 냈습니다. 그 이유가 무엇입니까?

애초에 이스라엘 백성을 타락시키고 염병이 돌게 한 것은 미디안 여자들이고, 하나님이 원수를 갚으라고 한 표적도 1차적으로 미디안 여자들이기 때문입니다. 그런데 이스라엘 백성이 완전히 멸절하라는 말에 온전히 순종하지 않고 미디안 여자들을 살려와 또다시 그들에게 미혹당해 하나님을 떠날 수 있는 근거와 빌미를 만든 것입니다. 하나님의 명령은 우리에게 부담을 주고 망하게 하려는 것이 아니라 우리를 축복하시고 잘되게 하려는 것입니다. 모세는 그 사실을 알고 있기에 하나님의 명령에 불순종한 그들에게 화를 낸 것입니다.

그런데 순종하지 않는 그들의 모습은 오늘날 우리의 문제이기도 합니다. 우리는 우리에게 유익이 될 때만 순종합니다. 그러나 이익이 되지 않고 이해가 되지 않아도 우리를 사랑하시는 하나님의 말씀에 순종해야 합니다. 세상의 기준과 맞지 않고 상식에서 벗어나도 하나님의 말씀에 순종해야 합니다. 그때 하나님께 더 사랑받는 자녀가 되기 때문입니다. 세상의 미움과 외면을 받더라도 하나님께 사랑을 받으면 성공한 인생입니다.

하나님이 우리에게 순종하라고 하시는 것은 우리에게 부담과 괴로움을 주시려는 것이 아니라 우리를 살리고 우리를 통해 하나님의 놀라운 계획을 이루기 위한 것입니다. 자녀를 정말 사랑하는 부모라면 순종을 가르치고 자녀는 부모에게 순종해야 합니다. 하나님과 우리가 그런 관계가 되어야 하는 것입니다.

사무엘상 15장에서 하나님은 아말렉 전투 후에 사울을 보며 더 이상 그를 사랑하지 않겠다고 하십니다. 그에게 적을 멸절하라고 했는데 그가 아각 왕을 살려두었기 때문입니다. 그때 사울은 99%를 순종하고 겨우 왕 하나 살려두었는데 그렇게 분노하시냐고 따집니다. 그런데 남겨둔 죄의 잔재가 우리를 망칩니다. 그때 하나님이 하신 말씀처럼 순종이 제사보다 나은 것입니다. 순종은 하나님의 계획을 우리 삶에 이루는 통로지만 불순종은 하나님의 계획을 가로막는 길입니다.

> 죄를 짓는 자마다 불법을 행하나니 죄는 불법이라(요일 3:4).

여기서 "불법"은 헬라어로는 '아노미아'로 '불순종'을 뜻합니다. 결국 불순종이 죄인 것입니다. 하나님의 사랑을 받으려면 순종해야 합니다. 그분이 순종하는 자에게 주시는 놀라운 축복은 상상 그 이상입니다. 하나님은 주술사 발람의 어떤 저주도 통하지 않게 이스라엘 백성을 보호하고 지켜 주셨습니다. 하지만 그들이 불순종하자 보호하심을 거두어 가셨고 그 결과 역병으로 수많은 사람이 죽고 말았습니다. 결국 발람의 저주는 피했지만 불순종으로 인한 죄의 대가는 피할 수 없었던 것입니다. 우리가 불순종하면 사탄이 우리를 공격할 수 있는 합법적인 기회를 얻게 됩니다.

> 한 사람이 순종하지 아니함으로 많은 사람이 죄인 된 것같이 한 사람이 순종하심으로 많은 사람이 의인이 되리라(롬 5:19).

순종하지 못한 아담으로 인해 죄가 들어오고 순종하신 예수님으로 인해 죄 사함을 받는 의가 이루어졌습니다. 진짜 사랑하면 순종하게 됩니다. 예수님도 우리를 너무나 사랑하시기 때문에 순종함으로 십자가에 달리신 것입니다.

믿음의 반대말은 '불신'이 아니라 '불순종'입니다. 순종은 믿음의 문제입니다. 순종은 믿음에 비례하기 때문입니다. 지금 우리에게 가장 큰 문제는 영적인 문제, 불순종입니다. 이제 내 생각과 주장이 아니라 순종하는 믿음으로 사십시오. 하나님의 말씀에 대한 온전한 순종이 우리를 다시 시작하게 만들 것입니다. 그리고 부분적 순종이 아니라 온전한 순종을 하십시오. 지체하지 말고 즉각 순종하십시오. 영광의 때나 고난의 때와 상관없이 언제나 순종할 때 하나님은 우리를 통해 그분의 뜻을 이루실 것입니다.

민 29:2

너희는 수송아지 한 마리와

숫양 한 마리와

일 년 되고 흠 없는 숫양 일곱 마리를

여호와께 향기로운 번제로 드릴 것이며

보혈

복음을 위해 살아가는 힘

/ 민 29:1-11

교회의 사명은 낙심하고 좌절한 사람들에게 믿음의 용기를 주고 그들이 다시 꿈을 꾸게 하는 것입니다. 그것을 위해서는 각자 삶의 자리에서 최선을 다하며 우리부터 다시 시작해야 합니다. 그런데 여러분은 지금 어떻게 살고 있습니까? 누군가에게 희망이 되고 하나님이 구원하신 목적대로 살려고 애쓰고 있습니까? 아니면 누군가에게 걸림돌이 되고 하나님의 뜻에 반해 살고 있습니까?

본문은 우리에게 적절한 말씀입니다. 1절은 "일곱째 달에 이르러는"으로 시작합니다. 이스라엘은 일곱째 달의 첫 날에 숫양의 뿔로 만든 '나팔'을 불어 기념했는데 이를 '나팔절'이라고 합니다. 일곱째 달의 첫 날에 나팔을 불어 온 백성에게 새로운 시작을 알린 것입니다. 나팔절이 시작되는 일곱째 달은 양력으로 우리나라 9-10월에 해당하며 한 해 농사를 마감하는 시기입니다. 하나님은 그때 나팔절을 지키며 과거를 돌아보고 새로운 시작을 결단하게 하신 것입니다.

하나님이 나팔절을 다시 시작하는 절기로 정하신 데는 다 이유가 있습니다. 추수를 마치고 밑천을 두둑이 벌어 놓았으니 그때야말로 사람이 나태해지고 영적으로 방종해질 수 있습니다. 그래서 하나님은 농한기에도 백성이 게을러지지 않고 초심을 잃지 않도록, 새 각오를 선포하는 새해의 시작을 이때로 잡아놓은 것입니다. 즉 나팔절은 다시 시작하는 결단을 촉구하는 절기입니다.

여기서 중요한 한 가지가 있습니다. 하나님은 왜 '나팔절'이 시작된 열흘 뒤 아무것도 하지 말고 금식하며 속죄제를 드리라고 명령하셨을까요? 하나님께 죄 사함을 받지 않고는 다시 시작할 수 없고 그 누구도 하나님의 도우심 없이는 아무것도 할 수 없기 때문입니다.

속죄일에 죄 사함을 받기 위해서는 죄인 대신 죽을 제물이 필요했습니다. 죄를 지을 때마다 매번 새로운 제물이 필요했던 것입니다. 그들은 대신 죽은 제물의 피로 정결함을 인정받았습니다. 성경에도 "율법을 따라 거의 모든 물건이 피로써 정결하게 되나니 피흘림이 없은즉 사함이 없느니라"(히 9:22)고 분명히 나와 있습니다. 그런데 신약으로 넘어오면서 더 이상 제물의 피흘림이 필요 없게 되었습니다. 예수님이 대신 영원한 제물이 되어 피를 흘리셨기 때문입니다.

> 그는 저 대제사장들이 먼저 자기 죄를 위하고 다음에 백성의 죄를 위하여 날마다 제사 드리는 것과 같이 할 필요가 없으니 이는 그가 단번에 자기를 드려 이루셨음이라(히 7:27).

> 염소와 송아지의 피로 하지 아니하고 오직 자기의 피로 영원한 속죄를 이루사 단번에 성소에 들어가셨느니라(히 9:12).

결국 본문에서 얻을 수 있는 영적 교훈은 분명합니다. 우리는 십자가에 달리신 예수님의 보혈로 죄 사함을 받고 하나님의 자녀로 다시 시작한 사람들입니다. 그래서 우리는 예수님의 보혈의 은혜로 다시 시작할 수 있고 그것을 의지해야만 다시 전진할 수 있는 것입니다. 그렇다면 예수님의 보혈로 다시 시작하려면 어떻게 해야 할까요?

영적 점검의 시간을 가져야 한다

1절에서 이스라엘 백성은 나팔절을 지키기 위해 성회로 모였습니다. 그리고 하나님은 새로운 시작을 알리는 나팔을 불라고 명하시며 그들에게 아무런 노동도 하지 말라고 당부하셨습니다. 여기서 아무 노동도 하지 말라는 것은 일을 그만두라는 뜻이 아닙니다. 바쁘고 힘들게 앞만 보며 살아온 삶을 점검하고 영적 상태를 점검하라는 말입니다.

나팔절은 지나온 삶을 점검하여 다시 시작하기를 결심하는 절기로 영적으로 자신을 점검하는 시간입니다. 우리도 다시 시작하려면 영적 점검의 시간을 가져야 합니다. 자격 없는 나를 자녀로 삼아 주신 이유, 내가 살아야 하는 이유, 하나님이 주신 나의 모든 자원과 시간으로 가치 있게 살 수 있는 방법에 대해 다시 살펴봐야 합니다.

진정한 휴가는 일상을 떠나 즐기는 것이 아니라 일상에서 벗어나 지금까지의 모습을 돌아보며 점검하는 것입니다. 출애굽기를 읽다 보면 눈에 띄는 말씀이 하나 있습니다. 당시 하나님은 모세에게 진 밖에 하나님의 장막을 치라고 명령하셨고 모세는 위기에 놓일 때마다 진 밖으로 나갔습니다.

그것은 너무 중요한 부분입니다. 진 안의 복잡함은 우리의 마음을 분주하게 만듭니다. 분주함이 우선순위를 흔들어 무엇이 중요한지를 착각하게 만들고 그로 인해 중요한 일보다 급한 일을 먼저 하게 됩니다. 결국 진 안에서 현실을 보면 그 무게에 압도당하기에 하나님은 진 밖에 장막을 치라고 한 것입니다.

그리스도인은 현실에서 눈을 돌려 하나님을 바라볼 거룩한 곳이 필요합니다. 그곳이 교회입니다. 그래서 사탄은 교회를 파괴하고 분열시키고 믿지 못하도록 공격하는 것입니다. 어떤 이유로든 그리스도의 몸인 교회를 교회 되지 못하게 만드는 것은 사탄의 짓입니다.

요즘 수많은 문제로 힘듭니까? 진 안에만 머물지 말고 진 밖으로 나가십시오. 일상에 묻히지 말고 여러분을 향한 하나님의 뜻이 무엇인지 계속해서 점검해 봐야 합니다. 지금 우리에게 필요한 것은 힘 있는 자리, 욕심을 위한 자리가 아니라 보혈의 피가 흐르는 예배의 자리로 나아가는 것입니다. 오직 보혈의 은혜로만 삶을 바꿀 수 있기 때문입니다. 예수님의 보혈 아래 있을 때 우리가 새롭게 되고 다시 시작할 수 있습니다. 예수님의 보혈의 능력을 힘입을 때 비로소 우리 안에 변화가 시작되는 것입니다. 그러므로 우리는 자주 진 밖으로 나와 하나님께 나아가고 내가 정말 잘 살고 있는지 영적 점검의 시간을 가져야 합니다.

> 모세가 백성에게 이르되 너희는 두려워하지 말고 가만히 서서 여호와께서 오늘 너희를 위하여 행하시는 구원을 보라 너희가 오늘 본 애굽 사람을 영원히 다시 보지 아니하리라(출 14:13).

13절에 나오는 "구원"의 원어는 '예슈아'로, 그것은 '예수'를 뜻합니다. 결국 예수님의 보혈이 모든 문제의 해답인 것입니다. 그러므로 예수님 앞에 나아가십시오. 그러면 보혈의 능력으로 다시 시작할 수 있을 것입니다.

영적 각성의 시작이 있어야 한다

우리는 예수님의 보혈로 의인이 되었기 때문에 의인다운 삶을 살겠다는 영적 각성이 있어야 합니다. 이런 믿음의 결단은 나팔절을 통해 하나님이 우리에게 기대하시는 모습입니다.

여호와께 향기로운 번제를 드리라는 말이 29장 전체에 다섯 번 나옵니다. 또한 번제를 드릴 때 제물은 흠 없는 것이어야 한다고 합니다. "흠 없는"이라는 말은 29장에 열 번 등장하는데 이 말은 하나님이 받으시기에 가장 귀하고 가치 있는 것을 뜻합니다.

그렇다면 흠 없는 제물로 향기로운 번제를 드리라는 말은 무슨 의미입니까? 그것은 내가 드리고 싶은 대로 드리는 것이 아니라 하나님이 받으시는 온전한 예배를 드리라는 뜻입니다. 즉 형식적으로 하는 것이 아니라 진심으로 믿고 신앙생활을 하라는 것입니다. 그저 습관처럼 종교 생활로 하는 것이 아니라 온전한 믿음으로 살기 바라며 영적 각성을 촉구하는 것입니다.

형통하고 축복된 삶을 다시 시작하려면 어떻게 믿고 섬기고 사는지에 대해 영적 각성을 해야 합니다. 각성은 깨어나는 것이고 달라지는 것이며 변화되는 것입니다. 따라서 예수님의 보혈로 구원받은 우리는 하나님이 받으시는 향기로운 그리스도인이 되기로 각성해야 합니다. 더 이상 바리새인 같은 형식적인 신앙에 머물러 있어서는 안 됩니다. 보혈의 능력으로 구원받은 하나님의 자녀답게 깨어 있는 신앙인이 되어야 합니다. 그때 우리가 속한 가정과 민족과 나라가 살아납니다.

기독교 역사에 길이 남을 '영적대각성 운동'은 1700년대 초반부터 중반에 이르기까지 미국 전역의 그리스도인이 예수를 믿는 것에 대해 새롭게 각성하고 이전과 달리 적극적으로 믿음의 삶을 살게 된 사건입니다. 이 운동의 중심에는 '조나단 에드워즈'라는 인물이 있고 특히 미국 남부에는 '조지 화이트필드'라는 목사가 있었습니다. 즉 보혈의 능력을 믿는 한 두 사람으로부터 영적 각성 운동이 시작된 것입니다.

하나님은 그분 앞에 겸손히 선 사람을 택하셔서 그를 예수님의 보혈로 깨끗하게 하신 후 삶의 전부를 하나님께 드리게 하셨습니다. 그리고 그를 통해 위대한 부흥이 시작되었습니다. 당시 분열되었던 나라가 하나되고 사람들은 거룩함을 갈망했으며 의미 있는 곳에 재정을 사용했습니다. 또한 그때 대학 및 교육 기관이 세워지고 민주주의의 토대가 만들어졌습니다. 그래서 미국사의 100대 사건 중 하나로 '영적대각성 운동'을 배우는 것입니다.

당시 세계 곳곳에서 하나님이 부흥을 허락하실 때마다 대각성 운동이 일어났는데, 우리나라에서는 '평양대각성 운동'이 유명합니다. 1903년 원산에서 일어난 영적 각성 운동이 도화선이 되어 3년 동안 지속되었고 1907년 평양 장대현교회에서 수많은 사람이 회개하고 삶을 다시 시작했습니다. 1907년의 대각성 운동은 당시 암울했던 한국 땅에 큰 희망이 되었습니다. 1908년 해리스 선교사의 기록을 보면 상황을 더 잘 알 수 있습니다.

> 수천 명의 신도가 올바른 마음의 자세를 배웠고 수천 명이 성경을 읽기 위해 글을 배우며 술주정꾼, 도박꾼, 도적놈, 오입쟁이, 살인자, 광신적 유학자, 구태의연한 불교도, 수천 명의 잡신을 섬기는 사람이 다 그리스도 안에서 새사람이 되었으니 옛것은 다 지나갔습니다.

그런데 불행하게도 오늘날 한국 교회는 복음을 전하는 사명을 잃어버리고 교회를 위한 교회, 교회를 유지하기 위한 교회로 전락했습니다. 보혈의 복음은 사라지고 보혈의 능력도 없습니다. 많은 교회가 교회의 본질과 사명을 깨닫지 못한 채 길을 잃은 무기력한 교회로 명맥만 유지할 뿐입니다.

너무 안타까운 것은 하나님과 복음을 위하고 세상을 변화시키기 위해 살아 움직이는 교회로 성장하는 대신, 인본주의와 율법주의에 빠져 세상 사람들에게 조롱받는 힘없는 교회로 남아 있다는 사실입니다. 그리스도의 몸인 교회는 세상의 기관이나 단체로 전락해 버렸고, 교회는 목사의 생존권을 유지하는 종교 사업으로 취급당하기도 합니다.

그러나 여러분, 분명히 기억하십시오. 교회는 살아 있는 그리스도의 공동체입니다. 그리고 살아 있다면 계속 성장해야 합니다. 계속해서 보혈의 복음을 증거하는 교회로 자라나야 하는 것입니다. 더 많은 사람에게 희망이 되고 더 많은 교회를 격려하면서 동시에 이 세상의 악과 당당하게 맞서 싸워야 합니다. 그것이 우리가 세상에 거룩한 영향력을 끼치는 것입니다.

그런데 어떤 성도들은 교회를 위해 희생하고 복음을 위해 사는 것을 어리석은 신앙으로 여깁니다. 적당히 교회에 다니고 눈치껏 세상을 즐기는 것을 센스 있는 신앙이라고 착각하는 것입니다. 하지만 예수님의 보혈을 증거하지 않고 보혈의 희망인 다음 세대와 지역사회를 위해 힘쓰지 않는 교회는 존재 이유를 상실한 것입니다.

이제 여러분 각자가 영적 각성 운동의 시작이 되어야 합니다. 여러분이 다음 세대와 좌절하고 낙심한 사람들에게 희망의 증거가 되고 여러분이 속한 지역을 거룩하게 만드는 보혈의 증거가 되기 바랍니다.

딤전 4:5

하나님의 말씀과 기도로
거룩하여짐이라

경건

하나님의 성품을 닮아가는 힘

/ 딤전 3:14-4:5

경건이란 하나님의 거룩한 성품을 닮아가는 과정을 뜻합니다. 하지만 그 의미를 제대로 알지 못하는 사람들은 경건을 엄숙한 모습으로 예배를 드리거나 교회 안에서 행하는 여러 가지 의식이라고 여깁니다. 그러나 그것은 단지 경건의 모양일 뿐 실제로 '경건'은 종교적인 의식이나 겉모습을 의미하는 것이 아닙니다. 주님은 경건의 모양보다 경건의 능력을 더 중요하게 여기셨습니다.

> 경건의 모양은 있으나 경건의 능력은 부인하니 이같은 자들에게서 네가 돌아서라(딤후 3:5).

본래 '경건'이란 말은 헬라어로 '유세베이아'이며 이는 '좋은, 잘'이라는 뜻의 '유'와 '섬기다'라는 뜻의 '세보'가 합쳐진 단어입니다. 그래서 '경건'이라는 말은 문자 그대로 '잘 섬긴다'라는 뜻입니다. 하나님을 잘 믿고 섬기는 삶의 태도가 경건인 것입니다. 즉 하나님을 믿는 삶과 신앙생활 자체가 경건입니다.

초기 성경 학자들은 '유세베이아'를 표현할 수 있는 적당한 우리말이 없어 '경건'이라고 번역했습니다. 국어사전에서는 '경건'을 '공경하며 삼가고 엄숙하다'라고 정의합니다. 마치 과거 선비들이 조용히 책상에 앉아서 논어나 사서삼경 등을 외우면서 배고파도 참고 급해도 절대 뛰지 않는 '행위나 모양'을 경건이라고 표현한 것입니다.

그러다 보니 오늘날 대부분의 성도들은 성경에 나오는 '경건'의 개념을 정적이고 조용하고 의식적이며 외적인 종교적인 모습이나 행위로 오해합니다. 그러나 경건은 겉에 보이는 신앙의 모습이 아닙니다. 예수님을 내 구주로 믿고 하나님을 잘 섬기는 마음과 삶 그 자체를 뜻하는 것입니다.

> 크도다 경건의 비밀이여, 그렇지 않다 하는 이 없도다 그는 육신으로 나타난 바 되시고 영으로 의롭다 하심을 받으시고 천사들에게 보이시고 만국에서 전파되시고 세상에서 믿은 바 되시고 영광 가운데서 올려지셨느니라(16절).

16절에 나오는 "경건의 비밀"은 예수 그리스도입니다. 영적 존재인 예수님이 육신으로 세상에 오셔서 죽고 부활하신 후 하늘로 승천하신 것이 바로 경건의 비밀인 것입니다. 그리고 경건의 비밀인 예수님이 우리 삶의 이유이자 목적이요 우리가 살아가는 힘과 능력의 원천이 됩니다.

그런데 왜 경건하게 사는 것이 힘듭니까? 본문의 "비밀"을 뜻하는 헬라어는 '뮈스테리온'입니다. 이 단어에서 '미스테리'(mystery)가 파생되었습니다. 그러면 '미스테리'와 '비밀'을 뜻하는 '시크릿'(secret)의 차이는 무엇일까요? 바로 꽁꽁 숨겨져서 알 수 없는 것은 '시크릿'이고, 보여 주는데도 도무지 알 수 없는 것은 '미스테리'인 것입니다.

본문에서 말하는 경건의 비밀은 시크릿이 아니라 미스테리입니다. 밝히 드러났으나 세상의 상식과 기준으로는 이해할 수 없기 때문입니다. 즉 세상의 관점으로는 경건의 비밀을 온전히 알지 못하기 때문에 예수님을 이해할 수 없습니다.

경건의 비밀을 아는 그리스도인이 되자

16절 앞부분을 직역하면 "경건의 비밀은 논쟁의 여지가 없을 정도로 위대하다"라는 말이 됩니다. 경건의 비밀인 예수님을 알면 예수님만이 참 진리이기에 더 이상 논쟁이 필요 없다는 것입니다.

C. S. 루이스가 쓴《영광의 무게》(홍성사, 2008)에는 "저는 태양이 떠오른 것을 믿듯 기독교를 믿습니다. 그것을 보기 때문이 아니라 그것에 의해 다른 모든 것을 보기 때문입니다"라는 구절이 있습니다. 경건의 비밀은 내 시각과 내 기준과 내 생각으로 볼 수 있는 것이 아닙니다. 오직 예수님의 기준과 시각으로 바라보아야 경건의 비밀인 예수님을 경험할 수 있습니다.

그리고 경건의 비밀인 예수님을 알고 나면 우리가 이해할 수 있는 일들을 통해 성장하게 됩니다. 반면에 경건의 비밀인 예수님을 알지 못하는 자는 조금만 힘이나 권력이 생기면 교만해지다가 자기가 이해할 수 없는 일이 생기면 이내 무너져 낙담합니다.

> 네 하나님 여호와께서 이 사십 년 동안에 네게 광야 길을 걷게 하신 것을 기억하라 이는 너를 낮추시며 너를 시험하사 네 마음이 어떠한지 그 명령을 지키는지 지키지 않는지 알려 하심이라 너를 낮추시며 너를 주리게 하시며 또 너도 알지 못하며 네 조상들도 알지 못하던 만나를 네게 먹이신 것은 사람이 떡으로만 사는 것이 아니요 여호와의 입에서 나오는 모든 말씀으로 사는 줄을 네가 알게 하려 하심이니라 (신 8:2-3).

하나님이 이스라엘 백성을 광야에 내버려두신 목적은 그들을 낮추셔서 경건의 비밀을 알게 하기 위함이었습니다. 그래서 성경에 "예수 그리스도의 은혜와 그를 아는 지식에서 자라 가라"(벧후 3:18)

고 나와 있는 것입니다. 다시 시작하게 하시는 하나님의 축복을 누리고 싶습니까? 그렇다면 경건의 비밀인 예수님을 아는 그리스도인이 되십시오. 지적인 앎이 아니라 실존적인 앎을 추구하기 바랍니다.

> 그의 신기한 능력으로 생명과 경건에 속한 모든 것을 우리에게 주셨으니 이는 자기의 영광과 덕으로써 우리를 부르신 이를 앎으로 말미암음이라(벧후 1:3).

경건의 비밀인 예수님을 알지 못하면 삶의 고통과 괴로움을 이해할 수 없고 삶의 의미도 발견할 수 없습니다. 그래서 경건의 비밀인 예수님을 알아야 하는 것입니다. 또 경건의 비밀인 예수님을 알면 삶의 방법이 아니라 기준이 바뀝니다. 경건이 내 삶의 목적과 이유를 새롭게 하기 때문입니다. 그것은 곧 예수를 통해 세상을 바라보는 것입니다.

본문 4장 3절에 나오듯이 당시 에베소 교인 중 일부는 이분법적인 생각을 가지고 있어서 세속적인 것과 거룩한 것을 나눴습니다. 이에 바울은 4절에서 "하나님께서 지으신 모든 것이 선하매 감사함으로 받으면 버릴 것이 없나니"라고 말하며 당시 그들이 생각한 경건의 기준을 다시 정해 줍니다.

내가 옳다고 생각하는 것이 아니라 하나님이 옳다고 말씀하신 것이 옳습니다. 하나님이 곧 인생의 기준이기 때문입니다. 그러므로 그분의 말씀을 따라야 합니다.

경건의 비밀을 믿는 그리스도인이 되자

그러나 단지 아는 것에서 끝나면 안 됩니다. 아는 것에서 나아가 예수 그리스도를 믿어야 합니다. 4장 1절에 나오는 "어떤 사람들"은 누구입니까? 그들은 당시 교회만 다니는 그리스도인으로 믿음을 떠나 엉뚱한 길로 가고 있던 성도들을 뜻합니다. 예수님을 믿는다고 하지만 여전히 자기 기준으로 사는 사람들, 경건의 모양만 있을 뿐 경건의 능력은 잃어버린 사람들, 예수님을 주님이라 부르지만 사실은 그분을 진짜 주님으로 인정하지 않는 사람들을 지칭하는 것입니다.

그래서 주님은 같은 논 안에 알곡과 가라지가 있고 한 우리 안에 양과 염소가 있다고 말씀하십니다. 언뜻 보면 전혀 구별이 안 되지만 마지막에는 분명히 드러납니다. 따라서 우리가 진리를 떠나지 않고 복음 위에 견고하게 서서 경건의 열매를 풍성히 맺기 위해서는 경건의 비밀을 믿어야 합니다.

앞서 설명했듯이 경건의 비밀은 예수님입니다. 그분은 말로만 사랑하지 않고 우리를 위해 친히 육신이 되어 세상에 오셨습니다. 예수님의 사랑은 이론이 아니라 실재였던 것입니다. 그리고 그분은 십자가에서 죽으심으로 우리에 대한 사랑을 확증하셨습니다. 사랑을 말뿐 아니라 삶으로 보여 주셨기에 그 사랑이 위대한 것입니다.

우리도 마찬가지입니다. 경건의 비밀인 예수님을 내 구주로 믿으면 그 믿음대로 살고 행해야 합니다. 그것이 바로 진짜 믿음입니다. 우리가 예수님을 믿어도 별다른 삶의 변화를 경험하지 못하는 이유는 산 믿음이 아니라 죽은 믿음을 갖고 있기 때문입니다.

하나님이 죄인의 말을 듣지 아니하시고 경건하여 그의 뜻대로 행하는 자의 말은 들으시는 줄을 우리가 아나이다(요 9:31).

경건의 비밀인 예수님을 믿는 경건한 자의 기도에 응답하시는 하나님을 기억하십시오. 과거는 해석에 따라 바뀌고 미래는 결정에 따라 바뀌며 현재는 우리의 행동에 따라 바뀝니다. 그러므로 죽은 믿음을 버리고 살아 있는 믿음, 행하는 믿음으로 살기 바랍니다.

이같이 너희 빛이 사람 앞에 비치게 하여 그들로 너희 착한 행실을 보고 하늘에 계신 너희 아버지께 영광을 돌리게 하라(마 5:16).

여기서 "보고"라는 단어에 주목해야 합니다. 이 말씀에서 강조하듯이 참된 경건과 진정한 믿음은 말로만 끝나는 것이 아닙니다

다. 참된 믿음은 당연히 우리의 가정과 직장과 삶 가운데 드러나야 합니다. 경건의 모양만 있는 자의 신앙은 교회 안에서 말씀이 끝나지만, 경건의 비밀을 아는 자는 삶 속에서 말씀이 계속됩니다. 경건의 모양만 있는 자는 내가 아닌 남을 변화시키려고 하지만, 경건의 비밀을 아는 자는 스스로 변하려고 간절히 기도합니다. 그러므로 우리는 경건의 비밀을 알고 믿는 진짜 그리스도인으로 살아야 합니다.

날마다 경건의 비밀을 믿는 그리스도인답게 살기 위해서는 꾸준한 훈련과 연단이 필요합니다. 먼저 언어부터 경건한 생활을 시작해야 합니다. 믿는 사람은 말부터 달라져야 하는 것입니다.

> 누구든지 스스로 경건하다 생각하며 자기 혀를 재갈 물리지 아니하고 자기 마음을 속이면 이 사람의 경건은 헛것이라(약 1:26).

죽은 믿음의 특징은 불평과 부정적인 언어입니다. 그러나 살아 있는 믿음은 긍정의 말, 살리는 말, 꿈의 말을 내놓습니다. 그러므로 하나님이 주신 약속의 말씀을 날마다 선포하십시오. 믿음의 선포는 존재가 되기 때문입니다. 내가 누구인지가 분명해지면 그렇게 살게 됩니다. 또한 믿음의 선포는 능력이 됩니다. 내게 능력 주시는 분이 있기에 그렇게 살 수 있는 것입니다.

그러므로 경건의 비밀인 예수님을 믿고 믿음의 말을 선포하며 믿음으로 섬기고 사랑하십시오. 경건의 비밀인 예수님의 축복이 경건의 실체인 교회를 통해 실현될 것입니다. 그것이 본문의 결론입니다. 오늘부터 경건 훈련에 힘써서 경건의 비밀인 예수님의 축복을 누리는 여러분이 되기 바랍니다.

딤후 4:2

너는 말씀을 전파하라
때를 얻든지 못 얻든지 항상 힘쓰라
범사에 오래 참음과 가르침으로
경책하며 경계하며 권하라

목표를 향하여 달려가는 힘

/ 딤후 4:1-8

많은 사람이 예수를 믿으면 구원을 받았으니 끝이라고 생각합니다. 그러나 믿음은 끝이 아니라 '새로운 시작'입니다. 믿음은 우리를 창조하신 목적과 구원하신 계획 안에서 다시 새롭게 시작하는 것입니다. 예수님이 제자들을 부르실 때 그냥 부르시지 않았습니다. '새로운 꿈과 비전'을 주시며 새로운 인생으로 부르셨습니다. 어부였던 베드로에게는 모든 민족으로 제자를 삼으라는 위대한 비전을 주셨습니다. 믿음을 통해 베드로는 새로운 인생을 살게 된 것입니다.

물론 새로운 변화에는 새로운 고통도 동반됩니다. 그래서 "노

페인 노 게인"(no pain no gain, 고통 없이는 얻는 것이 없다)이라는 말도 있는 것입니다. 하지만 성경에서는 "노 크로스 노 크라운"(no cross no crown)을 강조합니다. 우리가 십자가를 지고 갈 때, 하나님이 예비하신 면류관을 받게 된다는 것입니다. 즉 "우리가 걷는 이 길이 좁고 험하지만 두려워하지 말라. 경건의 열매를 얻게 될 것이다"라는 말입니다. 그래서 바울은 이렇게 말했습니다.

> 이제 후로는 나를 위하여 의의 면류관이 예비되었으므로 주 곧 의로우신 재판장이 그 날에 내게 주실 것이며 내게만 아니라 주의 나타나심을 사모하는 모든 자에게도니라(8절).

이것은 바울에게만 해당하는 것이 아니라 우리 모두에게 해당하는 말씀입니다. 그렇다면 하나님이 우리를 위해 예비하신 경건의 열매를 얻으려면 어떻게 해야 합니까?

후퇴 없는 신앙으로 살라

첫 번째, 후퇴 없는 신앙으로 살아야 합니다. 성경에는 성도를 묘사하는 말 중 '선수', '군사' 같은 단어가 많습니다. 성도가 어떤 존재인지 정의하는 말로, 곧 후퇴 없는 신앙으로 목표를 향해 전진해야 한다는 의미입니다.

바울은 순교할 날이 얼마 남지 않은 차디찬 감옥에서 살아온 삶을 돌아보며 자신은 선한 싸움을 싸우고 믿음을 지켰다고 고백합니다. 알다시피 바울은 힘들고 고통스럽게 살았습니다.

> 내가 처음 변명할 때에 나와 함께 한 자가 하나도 없고 다 나를 버렸으나 그들에게 허물을 돌리지 않기를 원하노라 주께서 내 곁에 서서 나에게 힘을 주심은 나로 말미암아 선포된 말씀이 온전히 전파되어 모든 이방인이 듣게 하려 하심이니 내가 사자의 입에서 건짐을 받았느니라(딤후 4:16-17).

게다가 그는 감옥에 있으면서도 자신을 변호하기 위해 법정에 섰습니다. 당시 법정에서는 첫 번째로 죄인의 친구가 변호해 주었는데, 바울과 함께했던 자들이 다 그를 떠났으니 얼마나 외로운 처지입니까? 그럼에도 바울은 끝까지 믿음의 선한 싸움을 싸웠고 우리에게 이렇게 도전합니다.

> 그러므로 여러분의 확신을 버리지 마십시오. 그 확신에는 큰 상이 붙어 있습니다(히 10:35, 새번역).

인생을 살다 보면 주저앉거나 포기하고 싶고 뒤로 물러서고 싶을 때가 많습니다. 그러나 바울은 하나님 나라에 대한 확신을 가지고 후퇴 없는 신앙으로 살라고 말합니다. 예수님의 말씀처럼 죽고자 하면 살고 살고자 하면 죽기 때문입니다. 그래서 유명한 장군들이 수많은 전쟁터에서 최후의 방법으로 배수의 진을 친 것이 아닐까 싶습니다. 명량해전에서 이순신 장군은 두려움에 떠는 군사들에게 이렇게 말했습니다. "너희가 살고자 하면 죽고, 죽고자 하면 살 것이다(生則死 死則生, 생즉사 사즉생). 후퇴하지 말고 맞서 싸워라!"

더 이상 뒤로 물러날 곳이 없을 때 길이 보입니다. 오직 앞을 향해 나아가야만 돌파할 수 있는 집중력이 생깁니다. 도망갈 생각만 하는 군대는 절대로 승리할 수 없는 것입니다. 신앙생활도 마찬가지입니다. 뒤로 물러나서는 경건의 열매를 맺을 수 없습니다. 믿음으로 배수진을 치고 세상으로 돌아갈 다리를 태우십시오. 답답한 뒤를 보지 말고 가슴 뛰는 앞을 바라보기 바랍니다.

그래서 절박함이 곧 능력이라고 강조하는 것입니다. 후퇴 없는 신앙으로 살아야 경건의 열매를 얻을 수 있습니다. 세상이 그립고 아쉬워서 뒤를 돌아본 사람은 끝이 좋지 않습니다. 그 대표적인 인물이 롯의 아내입니다. 롯의 아내는 뒤를 돌아보지 말라는 하나님의 말씀을 어겨서 결국 소금 기둥이 되고 말았습니다.

어쩌면 여러분 중에도 앞을 향해 나아가지 못하고 지금까지 뒤돌아보며 세상적인 삶에 미련을 둔 사람도 있을 것입니다. 그러나 롯의 아내를 생각하며 후퇴 없는 신앙으로 살아가십시오. 예수님도 롯의 아내를 기억하라고 말씀하셨습니다.

그 날에 만일 사람이 지붕 위에 있고 그의 세간이 그 집 안에 있으면 그것을 가지러 내려가지 말 것이요 밭에 있는 자도 그와 같이 뒤로 돌이키지 말 것이니라 롯의 처를 기억하라 무릇 자기 목숨을 보전하고자 하는 자는 잃을 것이요 잃는 자는 살리리라(눅 17:31-33).

후퇴하여 뒤를 돌아보는 신앙은 '죽은' 신앙이요, 앞을 보는 신앙은 '산' 신앙입니다. 이제 뒤를 돌아보는 죽을 신앙을 버리고 앞을 바라보는 살 신앙, 후퇴 없는 신앙으로 살아가기 바랍니다.

우리는 뒤로 물러가 멸망할 자가 아니요 오직 영혼을 구원함에 이르는 믿음을 가진 자니라(히 10:39).

예수께서 이르시되 손에 쟁기를 잡고 뒤를 돌아보는 자는 하나님의 나라에 합당하지 아니하니라 하시니라(눅 9:62).

물론 후퇴 없는 신앙으로 앞을 향해 나아가며 사는 것은 피곤하고 힘듭니다. 하지만 그것을 극복하면 더 큰 기쁨을 누릴 수 있습니다. 42.195km를 장시간 달려야 하는 마라톤에는 '데드 포인트'가 있습니다. 달리다가 숨이 막혀서 더 이상 달릴 수 없는 '사점'(死點), 죽을 것 같은 지점이라고 하는 것입니다. 그러나 그 지점을 지나면 다시 힘이 나고 마음도 편안해지는 '리빙 포인트'가 나옵니다. 힘들다고 포기하고 뒤로 물러서면 절대로 리빙 포인트를 경험할 수 없습니다.

신앙생활도 마찬가지입니다. 살다 보면 믿음으로 사는 것이 힘들어 포기하고 싶은 데드 포인트를 만납니다. 그러나 그 시점을 넘으면 믿음의 기쁨을 누리는 리빙 포인트를 경험할 수 있습니다. 세상의 경주는 오직 1등에 열광하지만 믿음의 경주는 끝까지 믿음으로 견디고 완주하는 것에 더 큰 의미를 둡니다. 그러므로 후퇴 없는 신앙으로 완주하여 경건의 열매를 맺기 바랍니다. 하나님이 주실 부름의 상이 우리를 기다리고 있습니다.

> 형제들아 나는 아직 내가 잡은 줄로 여기지 아니하고 오직 한 일 즉 뒤에 있는 것은 잊어버리고 앞에 있는 것을 잡으려고 푯대를 향하여 그리스도 예수 안에서 하나님이 위에서 부르신 부름의 상을 위하여 달려가노라(빌 3:13-14).

후회 없는 신앙으로 살라

경건의 열매를 맺기 위해서는 두 번째, 후회 없는 신앙으로 살아야 합니다. 본문 4장 3절에는 "때가 이르리니 사람이 바른 교훈을 받지 아니하며 귀가 가려워서 자기의 사욕을 따를 스승을 많이 두고"라고 나옵니다. 이 구절은 지금 우리가 사는 이 시대를 표현하는 것 같습니다. 사람들은 바른 교훈을 따르지 않고 자기가 하고 싶은 대로 살며 들어야 할 말을 듣지 않고 허탄한 이야기를 따르고 있습니다.

그리고 이어지는 5절에서 “너는 모든 일에 신중하여 고난을 받으며 전도자의 일을 하며 네 직무를 다하라”고 나옵니다. 여기서 “신중하게”는 ‘정신을 차리라’, “전도자의 일을 하며”는 ‘복음을 증거하며’, “네 직무를 다하라”는 ‘봉사나 섬김의 일을 완수하라’를 의미합니다. 그래서 직역하면 “너는 모든 일에 정신을 차리고 긴장하여 고난이 오더라도 흔들리지 말고 복음을 증거하며 섬기는 일을 완수하라”고 풀 수 있습니다.

다시 말해 하나님이 우리에게 부여하신 존재 이유와 삶의 목적을 위해 영적 집중력을 갖고 후회 없는 신앙으로 살라는 것입니다. 그것은 하나님이 우리를 구원하신 목적을 위해 최선을 다하라는 뜻입니다. 최선을 다해야 후회 없는 신앙생활을 할 수 있는 것입니다.

마라톤 중계방송을 한 번쯤 본 사람이면 마라톤 선수가 오랫동안 이곳저곳을 통과하며 달려도 배경에는 전혀 눈길을 주지 않는 것을 알 수 있습니다. 집중해야 할 목표가 있기 때문입니다. 따라서 우리도 후회 없는 신앙생활을 하기 위해서는 현재가 아니라 궁극적인 목표인 하나님 나라에 집중해야 합니다.

요즘 부상하고 있는 ‘미니멀리즘’은 불필요한 것을 없애고 인생에서 가장 가치 있는 것을 위해 시간과 공간을 확보한다는 개념입니다. 스티브 잡스가 애플에 복귀한 후 가장 먼저 한 일은 회사에서 아까워 묵혀둔 프로젝트 서류를 없애는 일이었다고 합니다. 그리고 그는 좋은 것을 넘어 새로운 일을 추구했습니다. 그렇게 만들어진 제품이 오늘날 스마트폰의 기준이 된 아이폰입니다. 마찬가지로 지금 우리에게도 '다다익선'의 신앙이 아니라 '미니멀리즘'의 신앙이 필요합니다. 복음에 '집중'하고 신앙에 무가치한 것을 버리는 것입니다. 그래야 경건의 열매를 누릴 수 있습니다.

본문 6절에 나오는 "전제"란 제물을 드릴 때 제물에 뿌리는 마지막 잔을 의미하는 것으로, 그 구절은 죽을 때가 가까워진 바울이 마지막 그 순간까지 후회 없는 신앙으로 최선을 다했다고 말하는 내용입니다.

우리는 모두 하나님의 은혜로 그분의 자녀가 되지만 하늘의 상급은 이 땅에서 신앙의 삶을 어떻게 살았는지로 결정됩니다. 고든(A. J. Gorden)은 "게으르고 나태하며 신실하지 못한 그리스도인이 열정을 가지고 헌신적으로 자신을 부인하며 산 그리스도인과 똑같은 수준의 기쁨과 영광을 받으리라는 주장은 있을 수 없다"라고 말했습니다. 우리는 모두 하나님의 심판대 앞에 서서 행한 대로 상급을 받을 것입니다. 그러므로 그 사실을 기억하며 후회 없는 신앙의 삶을 살기 바랍니다.

> 그런즉 우리는 몸으로 있든지 떠나든지 주를 기쁘시게 하는 자가 되기를 힘쓰노라 이는 우리가 다 반드시 그리스도의 심판대 앞에 나타

나게 되이 각각 선악간에 그 몸으로 행한 것을 따라 받으려 함이라

(고후 5:9-10).

후회 없이 살기 위해 지금 우리는 주어진 삶의 현장에서 복음을 증거하며 살아야 합니다. 또한 하나님이 나에게 맡겨 주신 곳에서 열심으로 섬기고 헌신해야 합니다. 섬김도, 헌신도, 감사도 때가 있으므로 때를 놓치고 후회하는 일이 없도록 최선을 다해야 합니다. 천국의 상급은 살아 있을 때 결정되기 때문입니다. 그러므로 주님이 내일 오실 것처럼 최선을 다하되 그분이 1,000년 뒤에 오신다고 해도 지치지 않도록 꾸준히 신앙생활을 하십시오. 매순간 천국을 미리 준비하는 지혜로운 성도가 되기 바랍니다.

본문 8절의 "예비되었으므로"라는 말은 쌓아 두었다는 의미로, 약간 준비했다는 말이 아니라 가득 쌓아 두었다는 표현입니다. 다른 사람이 아니라 바로 나를 위해서 말입니다. 그러므로 여러분, 이제 후퇴 없는 신앙과 후회 없는 신앙으로 살아가십시오. 그래서 하나님이 우리를 위해 쌓아 두신 경건의 열매를 풍성하게 거두기 바랍니다.

눅 10:25

어떤 율법교사가 일어나

예수를 시험하여 이르되

선생님 내가 무엇을 하여야

영생을 얻으리이까

성도

영적인 것을 추구하는 힘

/ 눅 10:25-29

우리는 이 땅에서 많은 질문을 품고 살아갑니다. 특히 신앙생활을 하면서 많은 질문이 생깁니다. '나는 왜 열심히 교회를 다니는데 하는 일마다 잘 안될까?', '나는 왜 이런 시련과 고난을 당해야 하는가?'와 같은 질문을 끊임없이 갖게 되는 것입니다. 그런데 여기서 중요한 것은 질문이 달라져야 한다는 사실입니다. 질문이 달라야 대답도 달라집니다. 바른 질문을 던져야 바른 답을 얻을 수 있는 것입니다.

예를 들어 '왜 이렇게 경기가 안 좋지? 이러다가 망하겠네'라고 질문을 던지면 답은 뻔합니다. 포기하거나 폐업하는 것입니다. 그런데 '왜 이렇게 경기가 안 좋지? 어떻게 하면 더 잘할 수 있을까?'라고 질문하면 답은 달라집니다. 우리가 하는 질문이 바뀌면 답도 바뀌고 그 답을 찾는 방법도 달라지는 것입니다. 그래서 바른 질문이 참 중요합니다.

교회 사역도 마찬가지입니다. '어떻게 큰 교회를 만들 수 있을까?'가 아니라 '어떻게 건강한 교회를 세울 수 있을까?'라고 질문해야 합니다. 또한 '어떻게 하면 성도를 많아지게 할 수 있을까?'가 아니라 '어떻게 하면 성도들이 교회에서 신앙생활을 행복하게 할 수 있을까?'라는 질문이 필요한 것입니다.

질문이 달라지면 그 답도, 방법도 모두 달라집니다. 그러므로 여러분이 경건의 능력을 회복하고 경건의 축복을 누리는 경건의 사람이 되려면 경건한 질문을 던져야 합니다. 육적인 질문, 이기적인 질문, 잘못된 질문이 아니라 영적인 질문, 성숙한 질문을 던져야 하나님과 사람에게 인정받는 경건의 사람으로 살 수 있는 것입니다.

질문의 내용을 바꾸라

본문 25절에 나오는 율법 교사는 하나님의 말씀을 전문적으로 연구하고 가르치는 사람으로 오늘날 신학교 교수와 같은 사람입니다. 그는 날마다 어떻게 하면 율법을 잘 해석하고 지킬 것인지 연구했습니다. 아마도 그런 자신의 지식을 과시하고 싶어서 무엇을 해야 영생을 얻을 수 있는지 질문했는지도 모릅니다.

율법 교사의 질문은 지극히 율법적인 질문이었습니다. 그래서 주님은 율법 교사가 원하는 대답을 하지 않으셨습니다. 주님이 말씀하신 것처럼 경건은 일이 아니라 삶입니다. 경건은 행위가 아니라 하나님과 바른 관계에 있는 것입니다.

이제 우리도 질문의 내용을 바꿔야 합니다. 영생은 내가 무엇을 하는지가 아니라 나와 살아 계신 하나님과의 사랑의 관계에 달려 있음을 명심하십시오. 우리에게는 ‘어떻게 하면 하나님과 사랑의 관계를 맺을 수 있을까?’, ‘어떻게 하면 은혜를 주신 하나님을 더 사랑할 수 있을까?’와 같은 접근이 필요합니다.

오늘날 사람들은 무엇을 먹고 무엇을 입고 어떻게 살지, 늘 현실적인 필요에 근거한 육적이고 일차원적인 질문을 던집니다. 신앙생활도 수평적인 관점에서 질문합니다. 그러나 ‘어떻게 하면 돈을 많이 벌 수 있을까?’라는 세상적인 질문보다 ‘어떻게 하면 하나님을 기쁘시게 할 수 있을까?’라는 영적인 질문을 던져야 경건의 은혜를 누릴 수 있습니다.

또한 율법 교사가 질문을 하는 데는 예수님을 시험하려는 의도가 있었습니다. 즉 율법 교사가 잘못된 질문을 던진 것은 질문의 동기부터 잘못된 것이었습니다.

많은 교회의 리더가 대부분 “어떻게 사역합니까?”라며 저에게 프로그램과 방법 등 ‘노하우’를 물어봅니다. 그런데 그 질문을 바꿔 "왜 이렇게 사역한 것입니까?"라고 해야 합니다. 마찬가지로 여러분도 스스로 삶의 이유와 동기를 점검해야 합니다. 모든 것이 나를 사랑하시는 하나님을 기쁘게 하고 나를 택하신 하나님의 자녀답게 살기 위한 목적이어야 하는 것입니다. 그러므로 '어떻게 해야 세상에서 잘 먹고 잘 살까?'라는 육적인 질문 대신 '나는 왜 세상에 존재하는가?'라는 영적인 질문을 던지고 사명을 위해 살아가야 합니다. 동기가 바뀌면 질문의 내용이 달라지고 질문의 내용이 달라지면 사는 방법과 자세와 태도가 달라집니다.

> 너는 돌아와 다시 여호와의 말씀을 청종하고 내가 오늘 네게 명령하는 그 모든 명령을 행할 것이라 네가 네 하나님 여호와의 말씀을 청종하여 이 율법책에 기록된 그의 명령과 규례를 지키고 네 마음을 다하며 뜻을 다하여 여호와 네 하나님께 돌아오면 네 하나님 여호와께서 네 손으로 하는 모든 일과 네 몸의 소생과 네 가축의 새끼와 네 토지 소산을 많게 하시고 네게 복을 주시되 곧 여호와께서 네 조상들을 기뻐하신 것과 같이 너를 다시 기뻐하사 네게 복을 주시리라(신 30:8-10).

인생에 대한 질문을 바꾸십시오. 내가 원하는 것을 이루기 위해 하나님을 이용하는 기복적인 질문이 아니라 하나님의 뜻에 나를 맞추는 경건한 질문, 거룩한 질문, 영적인 질문을 던지기 바랍니다. 신앙은 하나님을 나에게 끌어오는 것이 아니라 내가 하나님께 돌아가는 것입니다. 그것이 바로 회개입니다. 그때 우리는 경건의 축복을 누리는 경건의 사람으로 성숙해질 것입니다.

질문의 수준을 높이라

본문 29절이 보여 주듯이 율법 교사는 “자기를 옳게 보이려고” 예수님께 질문했습니다. 사실 그는 이웃이 누구인지 별 관심이 없고 단지 사람들에게 주목받고 인정받으려는 생각으로 질문한 것이었습니다. 오늘날 사람들이 하는 질문도 자기 욕심, 자기 이익, 자기 자존심에 대한 것이 대부분입니다. 그러나 우리가 경건의 사람이 되려면 질문의 방향을 바꿔 질문의 수준을 높여야 합니다.

아이들은 어릴 때는 이기적이어서 자기밖에 모르지만 자라면서 남을 배려할 줄 알고 이타적 사고를 하며 부모님의 마음을 헤아릴 수 있게 됩니다. 신앙생활도 마찬가지입니다. 젖을 먹는 영적 어린아이 수준에 머물지 말고 다른 사람에게 믿음의 영향력을 끼치도록 영적 수준을 높여야 합니다.

질문의 수준을 높이면 신앙의 수준이 높아집니다. 그러므로 내가 인정받고 원하는 것을 얻기 위한 질문이 아니라 하나님의 영광과 하나님을 기쁘시게 하는 삶에 대한 질문을 던져야 합니다. 어떻게 해야 하나님을 더 사랑하고 내 이웃을 내 몸처럼 사랑하며 살 수 있는지, 어떻게 하면 지금보다 더 귀하게 쓰임받을 수 있는지에 대해 질문해야 하는 것입니다.

에스겔 47장을 보면 성소에서 흐르는 생수의 강이 점점 더 깊어집니다. 발목, 무릎, 허리를 넘쳐 결국 헤엄칠 수 없는 큰 강이 되는데, 여기서 물이 깊어지는 것은 영적 수준도 깊어져야 한다는 것을 의미합니다. 그래서 성경에 이렇게 나옵니다.

> 때가 오래 되었으므로 너희가 마땅히 선생이 되었을 터인데 너희가 다시 하나님의 말씀의 초보에 대하여 누구에게서 가르침을 받아야 할 처지이니 단단한 음식은 못 먹고 젖이나 먹어야 할 자가 되었도다 이는 젖을 먹는 자마다 어린아이니 의의 말씀을 경험하지 못한 자요(히 5:12-13).

예수님을 오래 믿으면서도 어린아이 수준에 머물러 있는 신앙을 경계해야 합니다. 다른 사람들에게 복음의 영향력을 끼치는 리더 수준으로 성숙해지십시오. 하나님이 원하시는 영적 수준은 말씀에 분명하게 나옵니다.

> 그러므로 하늘에 계신 너희 아버지의 온전하심과 같이 너희도 온전하라(마 5:48).

'온전함'이란 작은 예수가 되는 것으로 하나님은 바로 그런 수준을 요구하십니다. 그러므로 우리의 목표는 예수님을 아는 제자에서 섬기는 그리스도인이 되는 것입니다. 안디옥 교회의 성도들은 그리스도와 같은 사람들이라는 평가를 받았습니다. 그들이 바로 예수님처럼 경건한 사람이었던 것입니다.

세상 사람들이 그리스도인을 신뢰하지 않는 것은 자기들과 수준이 비슷하다고 생각하기 때문입니다. 하지만 우리는 믿지 않는 사람들이 던지는 질문의 수준과 같으면 안 됩니다. 단지 세상에 대한 것, 이 땅에 대한 질문의 내용과 수준에 머물지 말고 하나님 영광을 위한 질문의 내용과 수준으로 먼저 하나님 나라와 그 의를 구하는 질문을 던지십시오.

'예배에 빠지면 하나님이 벌하시나요?'라는 질문 대신 '어떻게 하면 더 깊은 예배의 감동을 경험할 수 있나요?'라고 질문하십시오. '십일조를 꼭 해야 되나요?'라는 질문 대신 '십분의 일이 아니라 더 드리면 안 되나요?'라고 질문을 바꿔 보십시오. 세상의 욕심 대신 더 많이 섬기려는 거룩한 욕심을 갖기 바랍니다.

질문의 수준을 높이면 믿음의 수준과 축복의 수준이 달라집니다. 그러므로 덧셈 신앙으로 살지 말고 곱셈 신앙으로 바꾸어 살기 바랍니다. 삶의 한계를 정하면 조용히 도망갈 수 있지만 자기 한계를 인정하지 않으면 다시 도전할 수 있습니다. 이제 부담을 갖고 도망갈 것인지, 믿음으로 다시 도전할 것인지 스스로 결정하십시오.

세상의 관점으로 수평적인 질문만 던지면 여러분의 능력만큼 인생을 살지만 영적인 관점에서 수직적인 질문을 하면 하나님의 능력만큼 큰 축복을 누리게 됩니다. 사실 내가 할 만한 수준이면 믿음 없이 내 힘으로 해내면 됩니다. 하지만 내가 해낼 수 없는 수준을 꿈꾸면 더욱 겸손하게 기도하게 되고 마침내 하나님의 은혜와 능력으로 해내게 됩니다.

경건의 능력을 소유하고 경건의 축복을 누리는 경건의 사람이 되기 원합니까? 질문의 내용을 바꾸고 질문의 수준을 높이십시오. 깊이 있는 질문을 던진 사람만이 깊이 있는 해답을 얻을 수 있습니다. 이제 영적인 질문을 통해 신앙의 성숙을 이루는 성도가 되기 바랍니다.

신앙은
하나님을 나에게
끌어오는 것이 아니라
내가 하나님께
돌아가는 것입니다.

눅 18:8

내가 너희에게 이르노니
속히 그 원한을 풀어 주시리라
그러나 인자가 올 때에
세상에서 믿음을 보겠느냐 하시니라

인내

더 깊은 관계로 나아가는 힘

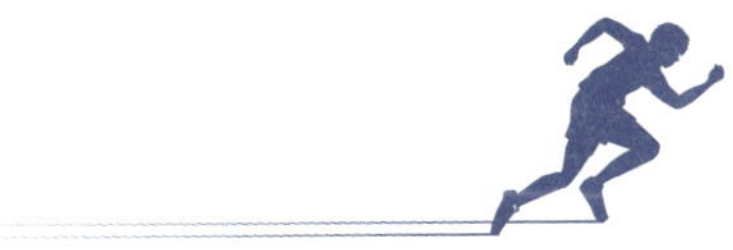

/ 눅 18:1-8

예수님을 믿고 사는 우리에게도 말도 안 되는 비극과 가슴 아픈 일들이 생길 수 있습니다. 또 우리가 예상하지 못한 질병과 괴로운 사건이 우리를 낙심하게 만들기도 합니다. 아마 여러분 중에는 '내가 이렇게 신앙생활을 열심히 하는데 삶은 왜 더 힘들어지지?'라고 의문을 갖는 사람도 있을 것입니다.

본문은 그런 성도들에게 주시는 주님의 대답입니다. 본문에는 한 과부가 하나님을 믿지 않는 불의한 재판관을 계속 찾아와 자신의 억울함을 호소하는 내용이 나옵니다. 하지만 불의한 재판관은 힘없는 과부의 청을 들어줄 생각이 전혀 없었습니다. 그런데 과부가 계속 와서 그를 번거롭게 하니까 너무 귀찮아 과부의 청을 들어주기로 했습니다.

본문을 보며 어떤 사람은 하나님께 간절하게 기도를 하면 기도가 응답받는다고 해석합니다. 그러나 사실은 그 반대입니다. 이 이야기를 뒤집어 보면 우리가 열심히 기도해도 응답이 없고 성실하게 신앙생활을 하고도 주저앉을 수 있다는 의미인 것입니다. 본문 1절을 우리말성경으로 보면 "예수께서는 제자들이 항상 기도하며 포기하지 않도록 하시려고 비유를 말씀하셨습니다"라고 나옵니다. 주님이 이 말씀을 하신 목적은 분명합니다. 기도에 응답이 없더라도 포기하거나 낙심하지 말고 항상 기도하라는 것입니다.

말씀에 그 근거도 나옵니다. 불의한 재판관도 자신의 번거로움 때문에 힘없는 과부의 간청을 들어주는데 하물며 사랑의 하나님이 밤낮 부르짖는 자녀의 기도를 들어주시지 않겠느냐는 것입니다. 그러므로 인생이 원하는 방향대로 흘러가지 않고 이해하지 못하는 고난과 고통이 있더라도 절대로 실족하지 말고 끝까지 믿음으로 살라고 도전하십니다.

계속해서 본문 8절을 보면 그렇게 살아야 하는 것을 알지만 실제로 살아내기가 쉽지 않다고 합니다. 경건한 믿음이 없기 때문입니다. 즉 인생이 힘든 이유는 문제가 아니라 문제를 이기는 경건한 믿음이 없기 때문입니다. 그래서 몸이 아플 때 병원에서 치료받는 것도 중요하지만 건강을 유지하는 근본 대책이 필요한 것처럼, 우리는 문제 해결보다는 문제를 이길 수 있는 경건한 믿음을 키워야 합니다.

그렇다면 그 어떤 상황에도 낙심하거나 실망하지 않고 우리를 사랑하시는 하나님을 믿으며 인내하는 경건한 믿음을 가지려면 어떻게 해야 할까요?

나에 대해 가난한 마음을 가지라

본문이 전개되던 당시에 과부는 남편의 보호를 받지 못해 대부분 극심한 생활고를 겪었던 사회적 빈곤층이었습니다. 아무리 억울한 일을 당해도 그 어디에 하소연할 수 없는 사회적 약자였던 것입니다. 실제로 '과부'를 나타내는 히브리어 '알마나'는 '목소리를 낼 수 없는 자'라는 뜻을 지니고 있습니다. 그래서 주님은 과부를 불쌍히 여기라고 강조하셨고 초대 교회도 과부를 구제하는 일에 힘썼습니다.

영적인 관점에서 주변을 둘러보면 가난한 과부처럼 슬프고 답답해하며 괴롭게 사는 사람이 많습니다. 사실 우리도 혼자 발버둥치며 과부처럼 외롭게 버티고 있습니다. 겉은 화려하지만 그 내면을 들여다보면 과부처럼 외롭고 답답하고 대책 없는 미래를 마주하며 사는 사람이 참 많은데, 문제는 그들 자신이 과부인 줄 모른다는 것입니다.

네가 말하기를 나는 부자라 부요하여 부족한 것이 없다 하나 네 곤고 한 것과 가련한 것과 가난한 것과 눈먼 것과 벌거벗은 것을 알지 못하는도다(계 3:17).

그래서 예수님은 자기가 의롭다고 믿고 교만한 사람들에게 어린아이 같은 마음을 갖지 않으면 하나님 나라에 들어갈 수 없다고 강조하신 것입니다. 우리는 스스로 본문의 과부처럼 보잘것없는 존재임을 알아야 합니다. 하나님의 은혜와 사랑이 없으면 단 하루도 살 수 없는 하찮은 존재임을 자각해야 하는 것입니다. 그것이 바로 가난한 마음입니다.

과부가 불의한 재판관을 끈질기게 찾아간 것은 그 방법 외에 다른 길이 없었기 때문입니다. 과부는 가진 것도, 실력도, 인맥도, 능력도 없었습니다. 그저 재판장을 찾아가 간청하는 것이 억울함을 해결하고 원한을 풀 수 있는 유일한 방법이었던 것입니다. 우리도 마찬가지입니다. 괴롭고 답답한 상황에서 다시 시작하고 승리하고 회복시키실 분은 하나님뿐입니다. 그렇게 가난한 마음으로 그분께 매달릴 때 비로소 경건한 믿음이 시작될 것입니다.

그런데 왜 기도하지 않습니까? 다른 길이 있고 다른 방법이 있기 때문입니다. 내 힘과 능력으로는 불가능하다는 가난한 마음이 있으면 반드시 하나님께 매달리게 됩니다. 그래서 절박함이 능력이고 갈급함이 은혜라고 하는 것입니다. 우리에게는 하나님 없이 아무것도 할 수 없고 나의 도움은 오직 하나님께 있다는 가난한 마음이 필요합니다.

때로는 우리 인생에서 말할 수 없는 고난을 만납니다. 내가 관리를 잘못한 탓이든, 불합리한 사회적 시스템이 문제든 그 고난에는 깊은 뜻이 있습니다. 하나님이 아닌 다른 것을 바라보고 자기의 힘과 능력을 과시하며 자기의 권리를 주장하는 사람들을 가난한 과부처럼 하나님만 주목하고 의지하게 하시려는 것입니다.

미국에서 공부를 마치고 교회를 개척할 때 얼마나 자신감이 넘쳤는지 모릅니다. 당시에는 개척하면 사람들이 몰려들 줄 알았습니다. 그러나 현실의 벽은 높았고 그렇게 당당했던 교만은 처절하게 무너졌습니다. 그리고 하나님의 은혜를 구하는 가난한 마음으로 그분 앞에 무릎 꿇을 때 비로소 섬기는 교회가 조금씩 부흥하기 시작했습니다.

하나님의 마음을 여는 것은 오랫동안 하는 기도나 소리를 높이는 기도가 아니라 우리의 가난한 마음입니다. '나는 아무것도 아니다. 하나님의 은혜와 도움이 없으면 나는 없다'라는 겸손함이 필요한 것입니다. 그러므로 이제 조금 믿었다는 교만, 조금 드렸다는 교만, 조금 섬겼다는 교만을 버리고 가난한 마음으로 하나님께 나아가십시오.

누가복음에는 유독 바리새인과 세리를 비교하는 내용이 많이 나옵니다. 재판장과 과부의 이야기가 끝나면 이어지는 것이 바리새인과 세리의 기도입니다. 바리새인은 당시 경건한 사람으로 하루 세 번씩 정기적으로 기도한 반면 세리는 그저 가난한 마음으로 하나님께 나아갔습니다. 그들의 모습을 통해 얼마나 기도했느냐보다 어떻게 기도하느냐가 더 중요하다는 사실을 깨닫게 됩니다. 그래서 우리는 가난한 마음으로 하나님께 나아가야 하는 것입니다.

> 구하여도 받지 못함은 정욕으로 쓰려고 잘못 구하기 때문이라…그러나 더욱 큰 은혜를 주시나니 그러므로 일렀으되 하나님이 교만한 자를 물리치시고 겸손한 자에게 은혜를 주신다 하였느니라(약 4:3, 6).

깨지고 낮아진 심령은 하나님의 마음을 움직입니다. 그러므로 내 소리를 높이는 것이 아니라 가슴을 치며 기도하는 가난한 성도가 되기 바랍니다. 자신의 권리를 주장하며 집을 나간 둘째 아들이 돌아왔을 때 크게 기뻐한 아버지처럼 자격 없는 우리를 사랑하시는 하나님의 은혜와 사랑에 감사하십시오. 우리는 그저 살아 있는 것만으로 감동하고 감격해야 합니다. 나의 권리를 주장하는 것이 아니라 가난한 마음으로 나아가야 하는 것입니다.

예수님은 심령이 가난한 자는 복이 있다고 말씀하셨습니다. 그러므로 우리는 이렇게 기도해야 합니다. "나는 부족합니다. 나는 참 어리석습니다. 나는 죄인입니다. 나는 전혀 자격이 없습니다." 그럼에도 우리는 불공평하고 무모한 탕부 하나님의 은혜로 구원받았고 그분의 자녀가 되었습니다. 이제 그 은혜를 기억하며 가난한 마음과 경건한 믿음으로 다시 시작하는 여러분이 되기 바랍니다.

하나님께 부요한 생각을 품으라

경건한 믿음은 하나님에 대한 분명한 이해와 확신에서 시작됩니다. 본문의 핵심은 과부의 요청을 들어주는 불의한 재판관의 이야기와 이어지는 7절 "하물며 하나님께서"부터 나옵니다. 불의한 재판관도 자신의 번거로움 때문에 마음을 움직이는데 하물며 하늘에 계신 탕부 아버지가 우리의 아픔과 문제를 해결해 주지 않고 그냥 내버려두시겠냐는 말로 결국 낙심하지 말라는 것입니다.

안타깝게도 어떤 성도는 전능하신 하나님을 앞에 두고도 그분을 믿지 못해 두리번거리며 다른 도움의 손길을 찾습니다. 그러나 우리는 택함을 받은 하나님의 자녀입니다. 하나님은 그분의 자녀인 우리를 끝까지 책임지십니다. 우리를 고아처럼 버려두지 않고 세상 끝 날까지 항상 함께하겠다고 약속하셨습니다. 그러므로 하나님의 사랑과 능력에 대해 부요한 생각을 품으십시오. 그때 경건한 믿음이 생깁니다.

그래서 예수님은 하나님에 대해 부요한 생각을 갖지 않고 하나님보다 돈을 더 사랑하는 부자에게 이렇게 말씀하셨습니다.

하나님은 이르시되 어리석은 자여 오늘 밤에 네 영혼을 도로 찾으리니 그러면 네 준비한 것이 누구의 것이 되겠느냐 하셨으니 자기를 위하여 재물을 쌓아 두고 하나님께 대하여 부요하지 못한 자가 이와 같으니라(눅 12:20-21).

믿음은 하나님을 그분의 수준으로 이해하고 바라보는 것입니다. 그러므로 여러분, 우리를 위해 모든 것을 예비하시고 모든 것을 합력하여 선을 이루실 하나님에 대해 부요한 생각을 품으십시오. 하나님은 우리를 불쌍한 과부가 아니라 사랑하는 신부로 다루십니다. 사랑하는 신부를 위해 모든 것을 준비한 신랑처럼 하나님은 그분의 자녀인 우리를 위해 지금도 일하고 계십니다.

자기 아들을 아끼지 아니하시고 우리 모든 사람을 위하여 내주신 이가 어찌 그 아들과 함께 모든 것을 우리에게 주시지 아니하겠느냐(롬 8:32).

이 구절이 보여 주는 것이 바로 우리를 향한 아버지의 마음입니다. 우리를 위해 독생자 예수님까지 보내신 하나님 아버지가 대체 무엇을 아끼겠느냐는 것입니다. 그러므로 하나님을 우리에게 인색하신 분으로 오해하고 있다면 그 생각을 거두십시오.

예수께서 이르시되 너희가 성경도 하나님의 능력도 알지 못하므로 오해함이 아니냐…하나님은 죽은 자의 하나님이 아니요 산 자의 하나님이시라 너희가 크게 오해하였도다 하시니라(막 12:24, 27).

하나님은 능력의 하나님이요, 산 자의 하나님입니다. 하나님은 모든 것을 하실 수 있고 다시 회복시키실 수 있습니다. 또한 하나님의 생각과 해결 방법은 우리와 차원이 다릅니다. 그러므로 아무리 절망스러운 상황이어도 낙심하지 말고 하나님을 신뢰하십시오. 이해하거나 믿을 수 없어도 하나님에 대해 부요한 생각을 가져야 합니다.

> 이는 내 생각이 너희의 생각과 다르며 내 길은 너희의 길과 다름이니라 여호와의 말씀이니라 이는 하늘이 땅보다 높음같이 내 길은 너희의 길보다 높으며 내 생각은 너희의 생각보다 높음이니라(사 55:8-9).

또한 지금 기도가 응답되지 않아도 실망하지 마십시오. 열심히 신앙생활을 하는데 나아지지 않고 여전히 답답한 상황이어도 절대로 낙심하지 마십시오. 그 대신 항상 기도하며 주만 바라봐야 합니다. 기도란 내가 원하는 것을 하나님께 얻어내는 일이 아니라 자격 없는 나를 사랑하시는 하나님을 믿고 그분께 나아가는 사랑의 관계입니다. 즉 하나님께 나를 맡기는 것입니다.

지금 여러분은 하는 일이 많아서가 아니라 하나님의 능력이 없어서 지쳤습니다. 여러분이 진 십자가가 무거워서가 아니라 하나님께 힘을 공급받지 못해서 괴로운 것입니다. 그러므로 하나님에 대해 부요한 생각을 품고 나에 대해 가난한 마음을 가지십시오. 그러면 그분이 다시 시작할 수 있는 힘과 능력을 주시고 후히 주시되 넘치도록 은혜를 부어 주실 것입니다.

1세기 초대 교회의 문서를 살펴보면 많은 그리스도인의 이름 앞에 '티테디오스'(Titedios)라는 별칭이 붙어 있습니다. '티테디오스'란 '절대 염려하지 않는 사람'을 뜻하는 말로, 바울도 '티테디오스 바울'로, 요한도 '티테디오스 요한'이라고 불렸습니다. 비록 고민이 많은 세상에 살지만 이제 여러분의 이름에도 '티테디오스'라는 믿음의 별칭을 붙이고 염려하지 않으며 경건한 믿음으로 승리하기 바랍니다.

여러분의 관점으로 인생을 바라보며 낙심하지 말고 여러분을 사랑하시는 하나님을 믿고 끝까지 인내하십시오. 여러분 모두 자신에 대한 가난한 마음과 하나님에 대한 부요한 생각으로 경건의 능력과 축복을 누리는 경건한 믿음의 소유자가 되기 바랍니다.

우리에게는
하나님 없이 아무것도 할 수 없고
나의 도움은 오직 하나님께 있다는
가난한 마음이 필요합니다.

눅 5:32

내가 의인을 부르러 온 것이 아니요

죄인을 불러 회개시키러 왔노라

자격

하나님의 시선으로 바라보는 힘

/ 눅 5:27-39

우리의 시각은 수평적이라서 지금 당장 우리가 직면한 문제밖에 보지 못하지만 하나님의 시각은 수직적이라서 위에서 아래를 보십니다. 그것은 마치 미로 안에 갇히면 내가 어디 있는지, 어디로 가야 하는지 잘 알지 못하지만 하늘에서 내려다보면 너무나 단순하게 어디로 가야 하는지 그 길이 보이는 것과 같습니다.

사실 인생은 미로만큼 참 힘들고 피곤합니다. 수많은 벽이 있어 인간의 좁은 시야로 벗어나기는 참으로 버겁습니다. 그러나 하나님의 시각, 하나님 관점으로 보면 복잡했던 것이 단순해지고 불확실한 것이 명료해집니다.

그래서 우리는 하나님의 시각으로 보는 연습을 해야 합니다. 세상과 인생을 바라보는 내 시각을 바꾸지 않으면 어떤 길이 참된 길인지 알 수 없기 때문입니다. 육적인 시각으로 인생을 바라보면 절대로 답을 찾을 수 없습니다.

그래서 신앙은 시각을 바꾸는 것입니다. 육적인 시각을 영적인 시각으로, 일생의 시선을 영생의 시야로 넓히는 것입니다. 그래서 주님은 새 포도주를 새 부대에 넣으라고 말씀하셨습니다.

본문은 예수님의 시각과 인간의 시각이 첨예하게 대립하는 장면입니다. 본문의 주인공은 레위라고도 불리는 마태로, 그는 그 당시 친일파 앞잡이와 같던 세리였습니다. 사람들이 가장 큰 죄인이라고 여기던 사람이었습니다. 그런데 예수님은 왜 많은 사람 중 마태를 제자로 불렀습니까? 그분은 우리와 시각이 다르시기 때문입니다. 사람들은 현실과 현상만 보기에 마태를 정죄하고 비난했지만 중심을 보시는 주님은 우리와 동일하게 그를 보신 것입니다. 사람들은 현재의 시각으로 자신을 바라보지만 주님은 미래의 시각, 영적인 시각으로 우리를 바라보십니다.

본문에서 주님은 율법적인 시각으로 살아온 바리새인에게 은혜로 다시 시작해야 함을 알려 주시기 위해 마태를 부르면서 새 포도주는 새 부대에 담아야 한다고 말씀하셨습니다. 본문은 철저하게 하나님을 믿던 신앙인들, 즉 경건한 바리새인과 열심 있는 서기관들에게 하신 말씀입니다. 예수님은 마태가 경건의 자격이 없다고 주장하는 바리새인들에게 본문 말씀을 통해 경건의 자격이 무엇인지 분명하게 가르쳐 주시는 것입니다. 동일하게 여러분에게도 경건의 자격을 깨닫는 은혜가 있기 바랍니다.

조건 없는 주님의 은혜를 아는 것

경건의 첫 번째 자격은 주님의 은혜를 아는 것입니다. 예수님은 "레위라 하는 세리" 마태를 제자로 부르셨습니다. 경건한 바리새인이나 율법 박사인 서기관 가운데 선택하신 것이 아니라 하필 세리였습니다. 사실 레위는 예수님의 제자가 될 만한 자격이 전혀 없었습니다. 신앙적으로나 율법적으로 생각해 봐도 그것은 잘못된 선택이었습니다.

그런데 예수님은 한술 더 떠 그들과 함께 어울리셨습니다. 그러자 바리새인과 서기관들이 어찌하여 세리와 죄인과 함께 먹고 마시느냐고 비방합니다. 그때 예수님은 그들에게 나는 의인을 부르러 온 것이 아니요 죄인을 불러 회개시키러 왔다고 말씀하십니다. 의사는 병든 자에게 필요하지, 건강한 자에게 필요하지 않습니다. 마찬가지로 구원자는 죄인을 위해 필요하지 의인을 위해 필요한 것이 아니라는 말입니다.

그런데 바리새인들은 자신이 경건하게 사는 대가로 구원을 받는다고 착각하고 있었습니다. 자기가 어떻게 하느냐에 구원 여부가 달려 있다고 생각한 것입니다. 그러나 경건의 자격은 나의 의로운 행위나 열심에 있지 않습니다.

오늘날에도 자신의 선한 행위나 삶으로 구원받는다고 오해하는 이들이 있는데, 구원은 오직 하나님의 은혜로만 가능합니다. 신앙생활은 하나님과 이 땅의 성공을 놓고 거래하는 것이 아닙니다. 경건의 축복도 내가 한 노력에 대한 보상이 아니라 전적인 하나님의 은혜인 것입니다. 여기서 은혜는 우리가 노력해서 얻은 것도 아니고 받을 만해서 받은 것도 아닙니다. 우리의 죄를 알고도 한결같이 사랑하는 것이 하나님의 은혜입니다. 그래서 더욱더 위대하고 놀라운 것입니다.

그런데 어떤 성도들은 이 은혜를 잊고 하나님과 거래하려고 합니다. 예를 들어 '하나님, 저를 승진시켜 주시면 감사헌금을 하겠습니다', '아들을 대학에 합격시켜 주시면 교회 봉사를 열심히 하겠습니다'라고 구하는 것입니다. 그러나 거래는 서로 원하는 것이 있어야 성립하는 것으로, 우리는 결코 하나님을 만족시킬 수 없습니다.

오직 조건 없는 주님의 은혜만이 우리를 경건의 축복을 누리는 하나님의 자녀가 되게 합니다. 그 어떤 경건의 행위도 경건의 자격이 될 수 없습니다. 오직 주님의 은혜를 아는 것이야말로 경건의 기적과 능력을 경험하는 경건의 자격인 것입니다. 그러므로 우리는 세리 마태를 부르신 주님의 은혜를 구해야 합니다.

또한 조건 없는 주님의 은혜를 깨달아야 죄책감에서 벗어날 수 있습니다. 하나님은 우리를 책망하고 짐을 지우는 무자비한 분이 아니라 은혜를 베푸시는 분입니다. 그러므로 율법적인 신앙을 버리고 조건 없는 하나님의 은혜를 누리십시오. 그것을 위해서는 은혜가 무엇인지 분명하게 알아야 합니다.

먼저 은혜 안에는 세 가지 개념이 공존합니다. 첫째, 받을 자격이 없는 자가 받는 것, 둘째, 거저 주는 것, 셋째, 비교할 수 없이 귀한 것입니다. 그래서 조건 없는 주님의 은혜를 깨달은 사람은 절대로 이전에 살던 방식 그대로 살 수 없습니다. 놀라운 주님의 은혜를 알면 반드시 그 은혜로 살게 되는 것입니다.

불러 주신 주님의 은혜로 사는 것

경건의 두 번째 자격은 주님의 은혜로 사는 것입니다. 주님이 우리에게 조건 없는 은혜를 베풀어 주셨어도 우리가 주님의 은혜로 살지 않으면 은혜가 은혜일 수 없습니다. 마태는 모든 것을 버리고 일어나 예수님을 따랐습니다. 그가 모든 것을 버릴 수 있었던 이유는 그동안 자신이 사랑했던 것보다 예수님을 따르는 것이 더 가치 있음을 알았기 때문입니다.

우리는 지금까지 사랑하고 좋아했던 것보다 더 사랑하고 좋아하는 것이 생기면 이전 것은 미련 없이 버릴 수 있습니다. 우리가 아직 옛것을 포기하지 못하는 이유는 우리를 불러 주신 주님의 은혜를 알지 못하고 그분을 온전히 사랑하지 않기 때문입니다. 마태가 모든 것을 버리고 예수님을 따르며 괴로워했을까요? 아닙니다. 그는 자기가 가진 모든 것을 버리고 예수님을 따르는 것이 기쁨이요 감동이었을 것입니다.

마태는 죄인인 자기를 불러 주신 주님의 은혜로 살았습니다. 그래서 그는 자기 욕심이 아니라 예수님을 위해 큰 잔치를 벌입니다. 주님의 은혜를 알기에 자신을 불러 주신 그 은혜를 위해 살기로 결단한 것입니다. 마태는 사람들에게 멸시와 무시를 당하면서 자기를 위해 악착같이 사는 것이 너무나 괴로웠을 것입니다. 남몰래 눈물을 흘리며 이렇게 살아야 되나 고민했을지도 모릅니다. 만일 주님이 마태를 불러 주시지 않았다면 그는 계속 고독하고 공허한 삶을 살았을 것입니다.

그런데 예수님이 그를 찾아와 제자로 불러 주셨습니다. 모든 사람이 마태를 손가락질할 때 그를 죄인이라 멸시하지 않고 친히 찾아오셔서 제자로 불러 주신 것입니다. 마태는 그렇게 자신을 불러 주신 주님의 은혜가 너무 감사해서 예수님을 위하여 잔치를 베풀고 주님을 따르기로 결심했습니다. 사람은 자신을 알아주는 사람을 위해서라면 목숨도 아끼지 않습니다. 자기를 진정으로 사랑해 주는 사람을 위해 헌신하는 것입니다.

그런데 오늘날 불러 주신 그 은혜로 살지 않는 그리스도인이 너무 많습니다. 조건 없는 은혜로 구원을 받고 하나님의 자녀가 되었으면서도 주님이 아니라 자신을 위해 살아갑니다. 이것은 예수님의 피 값을 치르고 베풀어 주신 비싼 은혜를 싸구려 은혜로 만드는 일입니다. 우리는 은혜가 은혜 되게, 우리를 불러 주신 주님의 은혜로 살아야 합니다.

그렇다면 주님의 은혜로 사는 것은 어떤 것입니까? 그것은 주님을 사랑하고 그분이 기뻐하시는 것을 가장 중요하게 여기며 사는 것입니다. 즉 우리를 불러 주신 주님을 사랑하는 것이 주님의 은혜로 사는 삶입니다. 예수님은 제자의 자격에 대해 이렇게 말씀하셨습니다.

> 무릇 내게 오는 자가 자기 부모와 처자와 형제와 자매와 더욱이 자기 목숨까지 미워하지 아니하면 능히 내 제자가 되지 못하고 누구든지 자기 십자가를 지고 나를 따르지 않는 자도 능히 내 제자가 되지 못하리라(눅 14:26-27).

이 구절을 제자가 되기 위해 부모나 자녀를 다 버리라는 것으로 오해하면 안 됩니다. 이것은 예수를 믿는 것이 '가치의 혁명'이자 '우선순위의 개혁'이라는 의미입니다. 그리고 여기서 '미워한다'라는 말은 히브리어로 '샤네'인데 '선택하지 않는다'라는 뜻입니다. 다시 말해 주님의 제자가 되려면 예수님을 최우선으로 선택해야 한다는 것입니다.

그래서 주님은 "네 마음을 다하고 뜻을 다하고 목숨을 다해 하나님을 사랑하라. 우리를 자녀로 불러 주신 주님의 은혜로 사는 자가 되라"고 말씀하신 것입니다. 여러분, 데마처럼 이 세상을 사랑하여 자기 길로 가는 자가 되지 말고 주님을 사랑하여 그분의 길로 가는 자가 되십시오. 주님을 사랑하며 주님의 은혜로 사는 것이 축복받는 인생의 비결입니다.

> 기록된 바 하나님이 자기를 사랑하는 자들을 위하여 예비하신 모든 것은 눈으로 보지 못하고 귀로 듣지 못하고 사람의 마음으로 생각하지도 못하였다 함과 같으니라(고전 2:9).

이제 우리의 힘으로 무언가 하려는 율법적인 신앙을 버리고 조건 없는 주님의 은혜를 알고 우리를 하나님의 자녀로 불러 주신 그 은혜로 살아가야 합니다. 수평적인 시각, 즉 육적이고 율법적인 생각이 아니라 수직적인 시각, 영적이고 영원한 생각으로 오늘을 보면 한 번뿐인 인생을 다르게 살 수 있을 것입니다.

세상 사람들이 왜 교회를 기피하고 멀리하게 되었을까요? 우리가 예수님을 믿으면서도 그들과 똑같이 살았기 때문입니다. 즉 세상 사람들이 성도를 비난하는 이유는 우리가 버려야 할 옛것을 버리지 않고 그것을 새로운 것과 섞었기 때문입니다. 만일 마태가 예수님이 불러 주셨는데도 세리 일을 하면서 일주일에 한 번씩만 갈릴리에 가서 예수님을 만났다면 그는 진정한 제자가 되지 못했을 것입니다.

본문 마지막 구절에는 묵은 포도주를 마시고 새것을 원하는 자가 없다고 나옵니다. 와인을 좋아하는 사람은 오래된 것이 당연히 좋은 것이라며 이 부분을 의아하게 생각할 것입니다. 그러나 와인 전문가에 따르면 오래 묵은 포도주를 높이 쳐 주는 것은 희귀성 때문일 뿐 와인 맛이 더 좋기 때문이 아니라고 합니다. 오래될수록 오히려 과일향은 사라지고 식초에 가까운 맛이 난다는 것입니다.

> 또 묵은 포도주를 마셔본 사람은 '묵은 것이 더 좋다' 하면서 새것을 마시려 하지 않는다(눅 5:39, 공동번역).

말씀처럼 오래 묵어서 과일향이 사라진 포도주를 마시고도 그저 그것만 최고이고 전부인 줄로 아는 인생으로 살지 마십시오. 이전 것은 지나가고 이제 새것이 되었습니다. 그러므로 더 이상 옛 생활이나 옛 습관에 매여 있지 마십시오. 그것을 다 놓을 때 하나님은 우리에게 새로운 축복과 놀라운 인생을 펼쳐 주실 것입니다.

이제 마태처럼 자리를 박차고 일어나십시오! 여러분 모두 조건 없이 불러 주신 주님의 은혜를 알고 그 은혜로 사는, 경건의 자격을 갖춘 자가 되기 바랍니다.

민 11:9

밤에 이슬이 진영에 내릴 때에

만나도 함께 내렸더라

감사

처음 사랑을 회복하는 힘

/ 민수기 11:1-9

살다 보면 때때로 하나님이 이해되지 않고 그분의 뜻이 의심될 때가 있습니다. 그리고 누구보다 열심히 신앙생활을 하는데도 내 뜻과 계획대로 이루어지지 않을 때 쉽게 절망하게 됩니다. 하지만 그렇게 절망스러운 상황 속에서도 하나님은 우리에게 최선의 것을 주시는 분임을 기억해야 합니다. 왜냐하면 우리는 하나님이 독생자 예수 그리스도를 통해 구원하신 하나님의 존귀한 자녀이기 때문입니다. 하나님은 우리에게 가장 선한 것을 주시고 우리를 기다려 주시고 참아 주십니다.

본문은 하나님이 이스라엘 백성을 위해 새로운 역사를 준비하시는 과정이라 할 수 있습니다. 이스라엘 백성은 노예 생활을 하던 사람들로 하나님은 그들을 광야로 인도하시며 제일 먼저 인구 조사를 하게 하셨습니다. 그 이유가 무엇입니까?

인구 조사는 단지 군대를 조직하고 행진하기 위한 것만이 아니라 그 이면에 하나님의 깊은 뜻을 담고 있습니다. 창세기에서 하나님은 아브라함을 축복하시며 "네 씨가 크게 번성하여 하늘의 별과 같고 바닷가의 모래와 같게 하리니"(창 22:17)라고 약속하셨습니다. 그 약속 이후 아브라함의 자손이 애굽에 들어갈 때 인구는 70명 남짓이었습니다. 그런데 400년 후에는 장정만 60만 명이 출애굽했습니다. 즉 인구를 세라고 하신 것은 하나님이 약속을 얼마나 신실하게 이루셨는지 그 은혜와 복을 깨달으라는 의미였습니다.

그런데 하나님이 명령을 내리신 지 3일도 안 되어 일이 터지고 말았습니다.

> 여호와께서 들으시기에 백성이 악한 말로 원망하매 여호와께서 들으시고 진노하사 여호와의 불을 그들 중에 붙여서 진영 끝을 사르게 하시매(1절).

백성이 악한 말로 불평하고 원망한 것입니다. 여기서 "악한 말"은 히브리 원어로 '무가치하다', '남을 해치다'라는 뜻으로 결국 그들은 악한 말로 불평해서 하나님의 심판을 당하고 말았습니다. 그들이 내뱉은 말처럼 된 것입니다. 사실 백성의 원망에는 시발점이 있었습니다. 이스라엘 백성과 함께 출애굽하여 섞여 살던 다른 이들이 탐욕을 품은 것입니다. 새로운 역사를 시작한지 3일도 안 되어 그들이 불평하니 그들의 말을 듣고 있던 이스라엘 백성도 같이 원망하고 불평했습니다.

오늘날도 그렇게 믿음의 공동체 안에 섞여 사는 무리가 있습니다. 그들은 비판적이며 믿음이 없는 사람들로 우리가 그들의 말에 귀를 기울이는 순간 함께 망합니다. 그러므로 우리는 그들의 말을 듣는 것이 아니라 가나안 땅으로 인도하시는 하나님의 말씀을 들어야 합니다.

하나님이 이스라엘 백성에게 요구하신 것은 한 가지, 감사하라는 것이었습니다. 그렇다면 하나님이 원하시는 감사는 무엇인지 본문을 통해 구체적으로 살펴보겠습니다.

하나님이 주신 것에 만족함

첫 번째, 감사는 하나님이 주신 것에 만족하는 마음입니다. 본래 우리에게는 우리의 소유라고 할 수 있는 것이 없습니다. 모두 하나님의 것이고 그중 하나님이 주신 것으로 사는 것입니다. 그런데 그 사실을 잊고 하나님이 사용하시고자 하는데도 자기 것이라며 욕심을 내며 주지 않는 사람이 있습니다. 마치 마음속에 탐욕이 있어 섞여 사는 무리처럼 도리어 더 갖겠다고 불평합니다.

한편 이스라엘 백성이 불평한 가장 큰 주제는 만나였습니다. 그들은 만나를 "그 맛이 기름 섞은 과자"(8절)와 같다고 말합니다. 그것은 본래 이스라엘 백성이 표현했던 만나의 맛과 다릅니다. 출애굽기에 만나에 대한 그들의 첫 반응이 나옵니다.

> 이스라엘 족속이 그 이름을 만나라 하였으며 깟씨같이 희고 맛은 꿀 섞은 과자 같았더라(출 16:31).

즉 "꿀 섞은 과자"와 같았던 만나를 시간이 지나자 "기름 섞은 과자"와 같다고 여긴 것입니다. 더 나아가 그들은 만나를 "하찮은 음식"(민 21:5)이라고까지 말합니다. 하나님은 백성의 태도에 분노하셨습니다. 이스라엘 백성은 마실 물과 음식이 없을 때 무려 40년이나 책임지시며 그들을 돌봐 주신 하나님께 감사하기는커녕 도리어 원망한 것입니다. 어찌 이스라엘 백성뿐이겠습니까? 오늘날 우리도 이스라엘 백성과 같이 주신 것에 만족하지 못하고 우리에게 없는 것을 생각하며 불평합니다. 그들과 다를 바 없는 모습입니다.

'감사'를 뜻하는 영어 단어는 'Gratitude', 'Thank' 두 가지입니다. 먼저 'Thank' 의 어원은 'Think'(생각하다)입니다. 즉 하나님이 나에게 주신 것을 생각하는 마음이 감사인 것입니다. 그리고 'Gratitude'는 'Grace'(은혜)에서 파생된 단어로 하나님의 은혜로부터 감사가 시작된다는 것을 의미합니다. 그래서 혹자는 'Gratitude'를 'Grace'와 'Atitude'가 결합한 것으로 이해합니다. 하나님의 은혜에 반응하는 태도가 감사라는 것입니다.

그래서 디모데전서 6장 6절에는 "그러나 자족하는 마음이 있으면 경건은 큰 이익이 되느니라"고 나옵니다. '자족'은 하나님이 주신 것에 만족하는 마음으로 환경이 개선되거나 무엇인가를 더 많이 가진다고 생기는 것이 아니라 오직 하나님으로부터 오는 것입니다. 그래서 바울은 "우리가 무슨 일이든지 우리에게서 난 것 같이 스스로 만족할 것이 아니니 우리의 만족은 오직 하나님으로부터 나느니라"(고후 3:5)고 말했습니다.

그것이 오늘날 우리의 고백이 되어야 합니다. 남과 비교하며 가지지 못한 것을 불평하며 원망하지 말고 하나님이 이미 주신 것으로 충분히 감사하며 만족하는 마음을 지니고 살아야 하는 것입니다. 사실 우리는 이 모든 것이 없어도 예수님 한 분만으로 감사할 수 있어야 합니다. 그때 비로소 다시 시작할 힘을 얻게 될 것입니다.

하나님이 주실 것에 기대함

두 번째, 감사는 하나님이 주실 것을 기대하는 마음입니다. 사실 이스라엘 백성이 그토록 원망하고 불평했던 근본적인 이유는 보이는 것에서 감사를 찾았기 때문입니다.

그들에게는 만나 외에 보이는 것이 없었습니다. 당장 눈앞의 만나만 보니 불평할 수밖에 없었습니다. 사실 우리도 이스라엘 백성처럼 눈앞의 환경이나 상황만 볼 때가 많습니다. 하지만 보이는 것으로만 만족을 찾는 사람은 참된 그리스도인이 아닙니다. 왜냐하면 "믿음은 바라는 것들의 실상이요 보이지 않는 것들의 증거"(히 11:1)이기 때문입니다. 믿음은 보이는 것이 아니라 보이지 않는 것, 그럼에도 하나님이 주실 것을 기대하는 것입니다. 즉 지금 당장 눈에 보이는 현실은 어두워도 내일은 하나님이 밝은 태양을 비추실 것이라는 믿음을 가지고 기대하는 것입니다. 그때 우리는 감사로 시작할 수 있습니다.

사도 바울은 우리를 향한 하나님의 뜻과 지혜를 모르고 불평하는 자들에게 이렇게 말합니다.

> 기록된 바 하나님이 자기를 사랑하는 자들을 위하여 예비하신 모든 것은 눈으로 보지 못하고 귀로 듣지 못하고 사람의 마음으로 생각하지도 못하였다 함과 같으니라(고전 2:9).

하나님의 축복을 누리지 못하는 것은 눈에 보이지 않는 것을 믿는, 곧 '꿈의 신앙'이 없기 때문입니다. 그러므로 과거에 매이지 말고 새로운 내일에 주실 것을 기대하십시오. 믿음으로 보이지 않는 것을 향해 기대하며 나아갈 때 분명 놀라운 축복을 누리게 될 것입니다.

그 놀라운 진리를 가장 잘 보여 주는 것이 바로 나사로 사건입니다. 나사로는 예수님과 친한 친구였습니다. 어느 날 한 사람이 예수님께 와서 나사로가 생사의 기로에 놓여 있다며 긴박한 상황을 전했습니다. 그런데 예수님은 그 말을 듣고 곧장 나사로에게 가지 않고 그가 죽은 지 나흘이나 지난 후에 도착하셨습니다. 그리고 무덤 앞에서 무덤의 돌을 옮겨 놓으라고 하셨습니다. 하지만 나사로의 누이 마르다는 아무런 희망과 기대 없이 나사로가 죽은 지가 이미 나흘이 되었다고 말했고 그 모습을 보며 예수님은 이렇게 말씀하셨습니다.

> 예수께서 이르시되 내 말이 네가 믿으면 하나님의 영광을 보리라 하지 아니하였느냐 하시니(요 11:40).

즉 예수님은 마르다에게 믿음을 요구하신 것입니다. 결국 이 말씀을 들은 마르다는 돌을 옮겨 놓았고 그 후 예수님은 감사 기도를 드리고 나사로에게 나오라고 명하셨습니다. 하나님이 주실 것을 기대하고 믿은 대로 행하신 것입니다.

인생을 살다 보면 도저히 감당할 수 없는 문제를 만날 수 있습니다. 이미 포기해서 실족한 사람도 있을 것입니다. 하지만 하나님이 주실 것을 기다리는 마음으로 감사하면 다시 살아나 회복할 수 있습니다. 절망 중에도 감사하면 하나님이 우리에게 시작할 수 있는 힘과 능력을 주시는 것입니다.

그러므로 너무 실망하지 말고 두려울 때마다 좌절은 나의 승리가 되고 아픔은 내일의 상급이 될 것이라고 선포하십시오. 믿음의 언어, 승리의 언어, 축복의 언어로 살아갈 때 하나님이 그 선포대로 이루실 것입니다. 주신 것에 감사하고 주실 것을 기대하는 마음으로 살아가는 감사의 능력이 여러분 안에 넘치기 바랍니다.